EMMANUEL
Le Faux Prophète

Tous droits de traduction,
d'adaptation et de reproduction
réservés pour tous pays.

© 2019, Groupe Elidia
Éditions du Rocher
28, rue Comte Félix Gastaldi
BP 521 – 98015 Monaco

www.editionsdurocher.fr

ISBN : 978-2-268-10242-9
EAN EPub : 9782268102931

Julien AUBERT

EMMANUEL
LE FAUX PROPHÈTE

éditions du
ROCHER

À Léonard, mon fils, arrivé « par effraction » lors de la rédaction de cet ouvrage, que j'ai débuté en tant qu'élu inquiet et que j'ai terminé… en tant que papa concerné.

« *Je vais apporter la preuve obstinée, permanente, acharnée, que c'est moi qui incarne et réaliserai le changement du fait de ma volonté de bouger en profondeur les choses et du regard neuf que je porte sur le fonctionnement de la société.* »
Ségolène Royal

« *La politique, c'est mystique.* »
Emmanuel Macron

Préambule

Lettre ouverte à Emmanuel Macron, parue dans *L'Opinion*, 8 mai 2017

« Monsieur le Président de la République,

Je t'écris une lettre que tu liras peut-être si tu en as le temps.

Tout d'abord, cher Emmanuel, félicitations pour ton élection. Elle restera dans les annales de la Ve République comme un exploit, celui d'un quasi-inconnu qui, grâce à son charisme, son talent et beaucoup de chance, est parvenu sur la plus haute marche du podium à moins de 40 ans, en grillant la politesse à tout un écosystème vieillissant. Tu es donc la révélation politique de l'année. Il ne faudra pas beaucoup de temps pour qu'on te taxe de nouveau Kennedy ou d'« Obamacron ».

En ce jour de joie (pour toi et les tiens), je ne gâcherai pas la fête et ne m'attarderai pas sur le côté obscur de cette campagne, qui t'a indirectement favorisé, car je veux croire que tu n'as pas changé et que tu n'as pas trempé dans les tentatives de manipulation et de désinformation qui ont défiguré le premier tour. Après tout, tu as aussi été victime d'attaques franchement déplaisantes que j'ai combattues et regrettées.

À tout hasard, relis quand même Tertullien qui raconte comment lors des triomphes romains, un serviteur chuchotait au général vainqueur « Regarde autour de toi ! Souviens-toi que tu n'es qu'un homme ! » (*Hominem te esse memento*). Renzi ou Tsipras auraient dû relire en leur temps les classiques gréco-romains, alors qu'ils étaient entourés de nouveaux amis, de courtisans et de zélotes en tous genres.

Pour moi aussi, c'est une première. Je n'avais jamais jusqu'ici tutoyé un président de la République. D'ailleurs, je n'avais jamais eu jusqu'ici de condisciple de promotion devenu président de la République.

Je me souviens lors de notre scolarité – cela devait être vers avril-mai 2003 – d'un dîner en tête-à-tête, que j'avais provoqué car tu me semblais être quelqu'un de singulier. C'était il y a quatorze ans et j'avais fini par te poser, entre la poire et le fromage, la question : « Et toi la politique, ça t'intéresse ? ». Je crois, sans trahir la vérité, que ta réponse avait été évasive, sans être un oui ou un non, même si tu en avais clairement le potentiel. Rien n'a changé depuis : Macron, un potentiel évasif dans une époque explosive ?

Hybride Hollande-Sarkozy. Au fil de la campagne, tu t'es révélé être quelque part un hybride entre François Hollande et Nicolas Sarkozy. Du premier, tu as cette distance affective qui fait que ta très grande spontanéité sociale contraste avec une forme de réalisme froid ou britannique qui te met hors d'atteinte de ceux qui voudraient pénétrer ton jardin secret. Du second, tu as hérité ce sens inné de la transgression et du mouvement, cette croyance illimitée en ta capacité de séduire n'importe qui et une grande souplesse idéologique. Après une soirée à *la Rotonde* qui a rappelé celle du *Fouquet's*, tu t'apprêtes d'ailleurs à faire l'ouverture sarkozyste en inversé pour trouver le cocktail magique contre le déclin.

Je comprends que tu t'y attelles. De manière très symbolique – mais cela ne t'a certainement pas échappé – notre promotion ENA a vécu en direct en stage en préfecture l'entre-deux-tours de l'élection de 2002. Par un extraordinaire concours de circonstances, c'est toi, l'un des nôtres, qui en 2017, bénéficie de ce 21 avril à l'envers. Sauf que cette fois-ci, le FN n'a pas fait 20 % des voix. La question est : dans quinze ans, le FN fera-t-il 60 % et quelle sera ta responsabilité ?

Je crois que tu as eu raison d'affronter les yeux dans les yeux Marine Le Pen. Elle n'est pas ressortie grandie de ce duel, mais la souffrance et le mal-être qui la portent n'ont pas changé et auront demain un autre porte-voix.

Une réponse évasive à ce problème ne suffira pas. Une excommunication bien en chaire non plus. Tu as été le Gontran de cette élection – Gontran est le cousin ultra-chanceux de Donald Duck. Pour réussir désormais, tu auras besoin de plus que du talent, de l'intelligence ou même de la sincérité.

Je formule ici le vœu, pour le salut de notre pays, que tu remanies ton programme original et qu'au-delà de l'horizon de la France mobile, jeune, entreprenante, cosmopolite, urbaine que tu côtoies, tu te confrontes aux problèmes de la France rurale, industrieuse, populaire, accablée de charges. Celle qui a fait la colonne vertébrale de ce pays et qui est en train de crever, sans perspective, sans internet et sans services publics. La France qui gronde, qui se radicalise, qui subit une Europe déréglée et qui, si tu échoues et que la droite ne propose pas d'alternative, finira par faire le grand saut dans le vide.

Ta force est que tu as vaincu ces barons qui voulaient te barrer la route et que tu arrives tout en haut sans avoir perdu totalement tes rêves en chemin. Ta faiblesse est que ton mépris pour les aspects les plus médiocres du système électif transparaît trop souvent, que la politique ce n'est pas que de la mystique et que le jour où la chance tournera, tu n'auras que ta détermination comme arme et sans doute un peu moins d'amis…

Pour ma part, j'espère que tu sais où tu vas, car je serais inquiet d'accéder ainsi à d'aussi lourdes responsabilités aussi jeune. Nous verrons si en juin le peuple de France te donne les clés de la voiture ou fait nommer à Matignon un tuteur.

Biais cognitif. Ma principale inquiétude est que tu n'as ni travaillé, ni été élu dans cette France provinciale et déprimée qui a voté au premier tour à 50 % pour des candidats anti-système, sinon tu n'aurais jamais proposé la disparition du RSI ou la mort de six centrales nucléaires au nom du dogmatisme écologique. Ton passage au Parlement sur la loi qui porte ton nom a montré une forme d'idéalisme par rapport au fonctionnement parlementaire, et surtout ton biais cognitif avec une loi faite pour les gros cabinets parisiens, pas les petits ruraux. Il faudra surtout convaincre que le monde financier qui t'a financé et porté au pouvoir n'a pas fait de toi une sorte d'Empereur du Mandchoukouo, plus attentif aux forts qu'aux faibles.

Voilà pourquoi, tout en espérant me tromper – mais je veux bien reconnaître que je ne pensais pas que tu puisses gagner – je redoute qu'un jour les Français ne viennent à te haïr lorsqu'ils découvriront ce que tu as comme projet pour la France, lorsqu'ils réaliseront que tu défends tout ce qu'ils rejettent : l'ouverture de l'économie à la concurrence, les réformes structurelles, l'accélération de l'intégration européenne. De manière plus générale, je redoute qu'un cocktail de violence de notre société traverse puis bouleverse ton quinquennat – violence d'extrême gauche, violence terroriste, violence d'extrême droite.

La bonne nouvelle est que tu as montré à ma génération que la France était prête à nous faire confiance. Tu as fait ton travail, à nous de faire le nôtre.

Julien Aubert »

Introduction : Initiales E.M.

Docteur Macron & Mr. Manu

En 2017, la France s'est livrée tout entière à deux initiales : E.M.

E.M. comme *En Marche*, les initiales d'un mouvement politique, orgueilleusement inspirées d'après celles de son fondateur, Emmanuel Macron, sorte de *Matthieu Chedid* de la politique. Sorti de nulle part, démolissant les murailles de l'« ancien monde » en soufflant dans la trompe du renouveau, Emmanuel Macron a réalisé un véritable *blitzkrieg* politique. Bon nombre de commentateurs saluèrent le coup de maître, voyant là l'émergence d'un nouveau paradigme, né de l'effondrement du magistère idéologique de la Gauche et de la faillite morale de la Droite.

Tel un prophète, Emmanuel Macron avait prêché seul et emmené avec lui une foule grossissante de citoyens de bonne volonté, qui s'étaient levés des quatre coins du pays, happés par l'Histoire : un peuple de marcheurs.

Emmanuel Macron était christique dans ses meetings, comme sûr de son fait.

Au début de son ascension fulgurante, les vieux briscards du système étaient sceptiques sur les chances de cet inconnu, essentiellement promu par la presse *people*, puis le doute s'installa : Macron semblait kidnappé par la Providence, invincible et chéri par les Dieux. Lorsqu'il fut sur le point de remporter son pari, ils crurent. De pharisiens, ils se firent zélotes. Comme éblouis par un miracle, leurs yeux se décillèrent et, animés par l'Esprit, ils se firent les premiers apôtres du macronisme, en chantant les louanges du nouveau règne. N'avait-il pas vu, compris et annoncé ce qui allait arriver, en précurseur visionnaire ?

Lorsque la grande apocalypse, qui allait emporter la quasi-totalité de la classe politique parlementaire, s'abattit, ce fut son heure de gloire. Comblé de bienfaits, Emmanuel Macron fut célébré à l'égal d'un prophète, que dis-je ? d'un *messie* : il annonçait un Nouveau Monde, comme d'autres avant lui fondaient un Nouveau Testament ou une Nouvelle Alliance.

Revenons à la réalité… Car ce jeune « prodige », Emmanuel Macron, je l'ai côtoyé il y a près de quinze ans sur les bancs de l'École nationale d'administration.

Introduction : Initiales E.M.

L'ÉNA est une école décriée, incomprise car méconnue. On la dépeint souvent à tort comme un lieu où l'on fabrique les présidents de la République, alors qu'elle a pour objet non pas de sculpter le pouvoir mais plutôt de lui fournir des serviteurs : les hauts-fonctionnaires. Moi aussi, j'avais quelques appréhensions en pénétrant dans ce lieu mythique, même si j'étais très fier d'avoir accédé au saint des saints de l'administration.

J'avais gardé de mes années à Sciences-Po (1997-1999) quelques réticences par rapport au parisianisme et au conformisme idéologique qui régnaient dans les élites françaises. Deux années d'étude aux Etats-Unis m'avait fait ensuite un bien fou, en apprenant à regarder les choses autrement que par le prisme franco-français et surtout en osant avoir une opinion hétérodoxe sur les grands sujets du moment. Cette originalité avait failli du reste me coûter mon entrée car le jury du grand oral m'avait fichu un 6/20, lequel n'avait été contrebalancé que par les épreuves écrites, anonymes, celles-ci.

Ma grande peur, à l'époque, était que l'ÉNA me reformate pour devenir une espèce de clone à lunettes, obsédé par le classement de sortie et la compétition au point de « perdre son âme ». L'ancien ministre François d'Aubert, avec lequel j'avais travaillé un peu comme étudiant, m'avait délivré un dernier message avant que je ne parte pour Strasbourg : « Ne vous mariez pas avec une énarque, sinon le soir vous vous raconterez vos carrières respectives, en vase clos, il n'y a pas pire ! » Comment ne pas interpréter ceci comme un avertissement : il se passait quelque chose, là-bas, qui pouvait vous transformer.

J'avais retenu la leçon ! Il fallait s'aérer. Je m'étais donc instinctivement prescrit ma propre « thérapie préventive » en continuant sur la lancée de ce que j'avais connu à Washington D.C., lors de mes études de master, c'est-à-dire en essayant de vivre à coté. Elu au sein de la délégation des élèves, j'avais choisi de m'occuper des fêtes et soirées, qui m'apparaissaient essentielles pour ne pas transformer cette école en caserne. C'est notamment comme ceci que je m'étais retrouvé à animer la fameuse soirée de choix du nom de promotion, interminable opus qui s'étire sur plusieurs heures et pour lequel il n'existe aucune règle préécrite de prise de décision. Imaginez plus d'une centaine de cerveaux brillants, férus de droit mais imbibés d'alcool, habitués à être les premiers de classe, tentant de promouvoir chacun un nom de promotion, et d'en profiter pour se valoriser. Les jeunes énarques étaient rompus à tout critiquer : les noms proposés, mais aussi, pourquoi pas, la procédure de vote, le mode de scrutin, etc. etc. C'est par ma voix éraillée, à force d'obstination, que la promotion exténuée avait appris vers les deux-trois heures du matin que nous nous nommerions « Léopold Sédar Senghor », grâce aux élèves étrangers qui avaient fait pencher la balance face à « Antigone ». Nous ignorions à l'époque que notre promotion deviendrait aussi célèbre que la promotion Voltaire et que des journalistes romanceraient notre histoire.

Introduction : Initiales E.M.

Déjà à l'époque, notre promotion semblait hors-normes. Elle fut en effet l'une des promotions les plus numériquement importantes de l'après-guerre et, rebelle, la seule à faire annuler son classement de sortie par le Conseil d'État.

Du fait de la suppression du service militaire, la Senghor était plus nombreuse, plus jeune, et surtout plus concurrentielle que les autres promotions qui l'avaient précédée : les externes du concours 2001, comme moi-même, auraient dû partir un an en service militaire faire les bidasses avant de faire l'ÉNA, mais cette obligation venant juste d'être supprimée par le Président Chirac, nous étions restés dans les murs. Du coup, une trentaine de lauréats externes du concours 2000, revenus de leur année de service, s'étaient ajoutés à nous. Or, à l'ÉNA, les premières places du classement sont traditionnellement occupées à 90 % par des profils externes, ces derniers étant plus « compétitifs » que leurs homologues internes ou du troisième concours (société civile).

Les Rastignac en herbe disputaient le parquet rayé aux grands squales issus des meilleures écoles du pays, et je me méfiais un peu, moi le provincial qui avait passé mon bac dans un lycée de cancres, de tous ces fils d'évêques et autres bêtes à concours. Dans les cent trente et quelques élèves de la promotion Léopold Sédar Senghor, je m'étais naturellement lié avec ceux qui semblaient *a priori* partager la même philosophie de vie que moi, ou alors aux externes, comme Sébastien Veil (le petit-fils de Simone) qui me semblaient naturels et authentiques.

L'esprit humain est ainsi fait que les perceptions influent beaucoup sur l'interaction sociale et que l'on assume partager naturellement des valeurs avec quelqu'un dont le parcours est similaire. Emmanuel Macron m'avait immédiatement fait une bonne impression. Il était un provincial, comme moi. Monté à Paris, comme moi. Il semblait enfin être réfléchi, équilibré et humain ; bref, pas soupçonnable de jouer le jeu de la compétition à tout prix. Cela me le rendait spontanément sympathique.

Je n'étais pas le seul à lui trouver des qualités. La tignasse en crinière à la mode des romantiques, il avait démontré un talent certain pour se faire apprécier par tous, malgré les clivages idéologiques et politiques qui parcouraient notre promotion, sans pour autant se mêler à la vie de celle-ci de manière active. Il ne semblait pas particulièrement se destiner à une carrière politique, ni obsédé par sa propre réussite. C'était un garçon solaire mais pas scolaire, solidaire mais quelque peu solitaire.

Avec le temps, cette courtoise distance qu'il ne rompait qu'avec un cercle restreint de personnes en dehors de l'établissement l'avait éclairé d'un petit halo de mystère. J'avais ainsi appris, tout à fait par hasard, qu'il était marié – chose rare dans une promotion où une majorité des élèves avait entre 23 et 25 ans – et, en plus, à une femme beaucoup plus âgée que lui. Que le couple ait pu tenir tout au long de la scolarité, malgré la distance géographique, m'avait véritablement conduit à le respecter. J'avais trouvé ceci

Introduction : Initiales E.M.

surprenant et admirable, dans une école où plusieurs de mes condisciples n'avaient pas hésité, sitôt intégrés, à mettre un terme aux amourettes en cours pour fréquenter ou épouser un collègue de promotion, si possible bien né et bien classé. « Un Roi de France n'épouse pas la promise d'un duc d'Orléans », pour plagier Louis XII. Je trouvais ces ruptures assez révélatrices d'un certain état d'esprit. C'était pour moi tout ce qui pouvait illustrer le risque de perdre son âme, en privilégiant sa carrière sur sa vie personnelle. Sans doute étais-je un peu dur pour mes collègues.

Je m'étais dit qu'un jeune homme, au physique avantageux, qui restait fidèle à cette femme, devait avoir certaines qualités morales. Derrière le visage souriant, il n'y avait peut-être pas de l'hypocrisie, comme souvent, mais une sincérité réelle. Derrière la distance courtoise, se cachait peut-être tout simplement quelqu'un qui ne voulait pas se faire envahir – ou juger. Derrière le calme olympien, il y avait sans doute un cœur.

Une seule fois « Manu » s'est laissé déborder par une émotion. C'était de mémoire dans les premiers mois de notre scolarité à Strasbourg. Nous avions tous reçu un mail collectif où le futur président voulait absolument retrouver une écharpe offerte par son épouse. Certains s'en étaient gentiment moqués, trouvant étrange que ce garçon si discret fasse autant de ramdam pour une écharpe. Moi, je m'étais dit que cela valait le coup de percer le mystère et lui avait donc proposé de casser la croûte ensemble.

C'est ainsi que nous nous étions retrouvés, un soir de printemps 2003, au bord de la Petite France, qui serpente à travers Strasbourg, pour un dîner. Nos échanges avaient été très cordiaux, quoiqu'assez superficiels. J'avais eu la confirmation qu'en toutes circonstances, il restait insaisissable, comme figé dans une retenue courtoise. Je fus à la fois conforté dans ma première opinion, et paradoxalement un peu déçu : oui, ce type me semblait être « un mec bien », réellement agréable. Non, il ne cherchait pas véritablement à se lier.

À la fin du repas, je me souviens lui avoir demandé s'il voulait faire de la politique, en me disant intérieurement qu'il ferait sans nul doute un adversaire redoutable (sans y penser de manière précise, la politique faisait partie des domaines qui m'intéressaient), vu son charisme qui était déjà une évidence à cette époque. Il me fit une réponse mi-figue, mi – raisin, d'où je compris que ma question était un peu trop curieuse, qu'il n'avait pas complètement évacué cette idée, mais qu'il ne s'en ouvrirait pas, et certainement pas avec moi.

J'avais de mon côté un engagement politique beaucoup plus marqué au sein de la promotion. Élu deux années de suite dans la délégation des élèves en montant ma propre liste, je m'étais rendu compte que si je n'avais pas remporté comme je l'espérais le scrutin face à la liste adverse, c'était essentiellement pour des raisons de clivage politique. Naïvement, je m'étais entouré de gens que j'appréciais pour

Introduction : Initiales E.M.

leur personnalité, sans me rendre compte qu'elles étaient majoritairement de droite – il y avait parmi eux un certain Sébastien Proto, qui allait ensuite être l'un des plus proches collaborateurs de Nicolas Sarkozy. La liste d'en face m'avait dépeint dans mon dos déjà comme un dangereux droitier. L'un d'entre eux avait tenté de débaucher mon troisième de liste, en lui disant que j'étais probablement raciste. Celui-ci, lui avait répondu malicieusement que mon second de liste était d'origine béninoise, le troisième un maghrébin, et le quatrième d'origine juive, et que par conséquent si j'étais un fasciste, je cachais bien mon jeu.

Tel était l'ambiance d'une promotion qui a fait beaucoup couler d'encre depuis, mais qui était très politisée, et marquée à gauche. Pendant la seconde année, les relations étaient exécrables à la délégation des élèves entre la liste majoritaire et les trois membres, minoritaires, de ma liste et je menais une bataille constante pour que la représentation des élèves ne soit pas confisquée par les camarades les plus politisés. À l'approche des épreuves finales, je finis par démissionner avec mes collègues modérés de la délégation des élèves et la promotion termina en publiant un rapport au vitriol sur la scolarité, puis en attaquant le classement de sortie. Solidaire sur le fond, j'acceptai de signer le recours.

« Manu », malin, avait évité de figurer sur une liste, ou même de militer activement dans ce qui était le foyer socialisant de la promo, le syndicat CFDT, où émergeaient déjà des gens comme Gaspard Gantzer ou Boris Vallaud, ainsi que toute une flopée de personnalités qui perceraient ensuite dans les cabinets sous Hollande.

J'avais assumé que cette distance avec l'engagement politique était le signe d'une modération de bon aloi – et je l'avais donc classé à droite de l'échiquier, une sorte de centre-droit honteux. En réalité, il n'en était rien : Manu était un « Bel-Ami » qui se tenait à distance de tout, en attendant son heure. Sa réponse sur les berges de la Petite France m'avait un peu frustré : je l'avais interprétée à tort comme celle d'un conservateur ne voulant pas se dévoiler. En réalité, il s'agissait de celle, probablement, d'un sociodémocrate qui ne voulait pas forcément s'ouvrir de ses projets futurs, et certainement pas avec un adversaire idéologique !

Cette retenue macronienne ne se limitait pas à la vie de promotion. Il se tenait à part, sans être dans la compétition, sans disputer forcément les premières places du classement de sortie prévisionnel aux « cadors » dont les noms circulaient de bouche en bouche, un peu comme s'il attendait tranquillement que la destinée l'emmène à bon port. Manu passait pour un dilettante qui faisait mine de ne pas travailler, mais il obtenait d'excellents résultats, ce qui lui permit d'intégrer l'Inspection des Finances. Pour ma part, je me rappelle avoir toujours dit qu'il était pour moi l'un des meilleurs, sinon le meilleur de la promotion – moi inclus – à l'inverse de certains de mes camarades qui parlaient plutôt du duo qui caracolait en tête du classement, Marguerite Berard et Sébastien Proto.

Introduction : Initiales E.M.

Je ne m'étais pas trompé puisque je terminai une dizaine de places derrière lui. J'intégrai la Cour des comptes.

Quelques années plus tard, lorsqu'il fut nommé secrétaire général adjoint de l'Elysée, puis Ministre de l'Economie et de l'Industrie, les journalistes disséquèrent son parcours, et cherchèrent des témoins de cette exceptionnelle ascension. Ils s'aperçurent que nous étions de la même promotion et je fus alors interrogé à de multiples reprises pour expliquer qui était cet homme surgi de nulle part. Ironie du sort, ayant été élu trois années auparavant député de Vaucluse, j'étais à l'époque plus connu que lui.

Alors que je me trouvai en situation d'exprimer publiquement un ressenti, je m'aperçus contre-intuitivement que c'était une chose complexe : j'appréciais franchement les qualités humaines d'Emmanuel Macron[1] et, pourtant, « en même temps » je ne pouvais pas me dire « son ami ».

Certes, nous avions le temps d'un soir dîné en tête à tête au bord de la Petite France, mais l'exercice s'était heurté au mur impénétrable érigé pour protéger ses pensées. Certes, nous avions pris ensuite de temps à autre un café, au fil de nos carrières respectives, mais si l'exercice avait été très amical, il n'en restait pas moins superficiel : après son passage à la commission Attali, Emmanuel m'avait

---

1. Voilà pourquoi, malgré la violence du climat politique et un amour certain des bons mots, je me suis toujours efforcé de ne pas l'atteindre personnellement, en tant qu'homme. Ce fut notamment le cas lorsque des rumeurs infâmantes furent lancées contre lui pour le déstabiliser.

indiqué qu'il avait une piste pour rebondir professionnellement mais n'était pas allé jusqu'à me dire qu'il s'agissait de Rothschild.

Dans le fond, « Manu » était toujours resté le même : un gars au charisme solaire, mais distant. Je le connaissais sans vraiment le connaître.

Ce charisme, Emmanuel Macron a su l'utiliser pour charmer au fil des années des gourous et des mentors qui l'ont propulsé jusqu'au sommet. Aujourd'hui, lorsque je croise certains camarades de promotion ou politiques qui l'ont soutenu, je perçois comme une forme de déception amoureuse : « Manu » ne leur a pas vraiment rendu ce qu'ils lui avaient librement donné. Ils vous diront tous, en substance, la même chose : il vous accroche avec ses grands yeux bleus, puis son sourire vous réchauffe et vous donne à penser que vous êtes la personne la plus importante du monde. Vous foncez. Et un jour, vous vous rendez compte qu'il n'a pas d'empathie réelle à votre égard, juste de la sociabilité. Il y a donc chez Emmanuel Macron un peu de Don Juan : il aime séduire et une fois qu'il séduit, il ne se livre pas.

Alors qu'il était devenu ministre en 2014, j'ai retrouvé exactement l'Emmanuel que j'avais connu par le passé, qui du reste m'avait remercié de la manière dont je m'étais comporté dans les médias en délivrant un portrait de lui aussi fidèle que possible. Je sais qu'il serait suffisamment honnête intellectuellement pour le reconnaître, même aujourd'hui.

Introduction : Initiales E.M.

Quoiqu'il en soit, je fis appel à lui pour un ou deux dossiers de ma circonscription et il m'aida en retour avec plus ou moins d'efficacité. Avant qu'il n'émerge comme un pré-candidat à l'élection présidentielle, nous avions parlé de déjeuner ensemble – chose qui ne s'est jamais produite : la meilleure analogie animalière que je pourrais lui trouver serait un dauphin, sympathique, mais qui d'un battement de nageoire, vous glisse entre les mains comme une savonnette et s'ébat en caquetant, à distance.

Nous avons continué épisodiquement à échanger par texto.

Tout s'est achevé lorsque j'ai choisi de soutenir François Fillon, à l'automne 2016. Sans trahir la nature de nos échanges, je lui avais spontanément expliqué mes désaccords profonds avec certaines de ses déclarations – un comité citoyen tiré au sort devant lequel le président de la République aurait rendu des comptes chaque année[2] – et m'étais attiré une réponse assez tranchante. Emmanuel Macron n'aime pas trop qu'on le critique, cela s'est vu ensuite lorsqu'il avait lancé à Lunel à deux grévistes d'aller travailler pour se payer un costard, ou lorsque le général de Villiers avait publiquement marqué son désaccord sur le budget de la Défense.

---

2. En 2019, dans l'allocution non diffusée pour clore le Grand Débat, Emmanuel Macron est retombé dans ce travers, en proposant la création d'une commission de trois cents citoyens tirés au sort pour discuter de la transition énergétique.

Sa réponse à mon désaccord m'avait un peu frappé car assez paternaliste, un peu comme un grand-père gourmandant un petit jeune. Il avait débuté son message par « Mais si tu suivais Coco… ». Au cas où cela m'avait échappé, il me l'avait fait comprendre : dans son esprit, il m'avait politiquement dépassé.

C'était du reste parfaitement exact : il jouait désormais dans la cour des grands.

La seule chose qui me parut un peu irréelle fut lorsque mon ex-camarade visita la ville de Carpentras, à cinquante mètres de ma permanence, sans que je lui propose un café. Passant devant le lieu qu'il visitait – un commissariat – je jetai un œil par une petite fenêtre latérale. Surprise : il était justement de l'autre côté de la « meurtrière », dans un bureau en train de faire le tour des popotes. Malicieux, je pris une photo et lui envoyai le cliché. Je reçus à minuit ce qui devait être notre dernier message – un smiley, avec : « T'es où ? »

À partir du moment où je ne le rejoignais pas, il ne fallait pas laisser la place à l'ambiguïté. Ses troupes sur le terrain étaient nerveuses et craignaient que ma proximité avec lui ne fausse la donne. Lui-même était pourtant très clair et m'informa qu'il présenterait 577 candidats amis – une manière de me dire que je ne l'étais pas. Cela me semblait très sain, il ne faut pas mélanger politique et rapports humains. Deux mois plus tard, aux législatives qui suivirent,

Introduction : Initiales E.M.

ma circonscription fut l'une des quatorze premières à être ciblées par un candidat Macron, et il m'envoya un poids lourd, Jean Viard, sociologue habitué des plateaux de télévision. J'avais choisi mon camp et Macron ne ferait pas de quartier, pardon de sentiment. Lorsqu'entre les deux tours, je remontai treize points de retard et remportai l'élection contre toute attente, ce fut la députée LREM de la circonscription voisine, Brune Poirson, qui fut nommée ministre, sur mes sujets de prédilection – la transition énergétique, dont j'étais l'expert au sein du groupe LR depuis 2012. Une coïncidence, sans doute.

Si j'ai souhaité partager en introduction de ce livre ces quelques informations personnelles, c'est pour faire comprendre que je n'ai pas souhaité écrire ce livre dans un esprit d'amertume ou de jalousie. Je ne prétends pas être un observateur impartial, car j'ai une opinion forgée de longue date sur Emmanuel Macron, mais il ne s'agit pas d'opérer un règlement de comptes personnel, à la manière d'un François Ruffin[3]. Je garde pour « Emmanuel », celui que j'ai connu jeune étudiant, mon respect, et pour « le Président Macron », mon adversaire politique, mes flèches les plus acérées. En effet, malgré l'ancienneté relative de notre relation, le rejoindre ne m'a jamais traversé l'esprit, nos familles idéologiques étant très exactement opposées, lui le social-libéral épanoui dans la mondialisation et moi le gaulliste de Droite attaché à la Nation. Je pense qu'il l'a

---
3. *Ce Pays que tu ne connais pas*, Les Arènes.

toujours su. Dès lors, loin d'être emporté par le souffle de son lyrisme ou d'être aveuglé par son aura, j'ai d'emblée abordé le macronisme avec des lunettes critiques.

Sur ce point, grande a néanmoins été ma surprise dans les semaines qui suivirent son élection, quand je m'aperçus que mon scepticisme n'était pas partagé, et que s'abattait un déluge de contrevérités pour analyser le phénomène : « Emmanuel Macron fait une politique de Droite » ; « Emmanuel Macron est gaulliste » ; « Emmanuel Macron n'a pas d'idéologie » ; « Emmanuel Macron est un pragmatique » ; « Emmanuel Macron fait les réformes qu'on attendait depuis trente ans. »

Entre les courtisans à la petite semaine et les hagiographes du dimanche, Emmanuel Macron n'avait guère de souci à se faire. Il pouvait dire et faire ce qu'il voulait : sa communication était parvenue à pénétrer et à paralyser les esprits. Qu'on puisse à ce point ne pas voir quel était le projet de société dissimulé derrière le macronisme, et ne pas le combattre, cela m'interrogeait. Car bien qu'Emmanuel Macron soit talentueux et sympathique, ses idées, aux antipodes des miennes, sont en réalité impopulaires en France : il est l'alliance parfaite de la technocratie et du libéralisme-mondialisé, un *Ratigan*[4] des villes alors que la France des « rats des champs » souffre de la mondialisation.

---

4. Pour les néophytes en dessins animés, Ratigan est l'Empereur des souris dans *Basil, Détective privé*.

Introduction : Initiales E.M.

De mon point de vue, si son élection relevait du miracle, il était autant l'homme de la situation qu'un chercheur en neurologie utile pour opérer un genou.

À la demande de *L'Opinion*, je rédigeai le lendemain de son élection une lettre ouverte[5] où le tutoyant, je lui recommandai de ne pas oublier qu'il n'était qu'un homme, le *memento mori* des triomphes romains[6], et surtout de s'extirper de son approche urbaine pour traiter les problèmes de la France périphérique qui souffre. Je suis très fier d'avoir écrit ce texte, car après coup, il apparut tristement prémonitoire. Quinze jours plus tard, la presse célébrait « Jupiter », le roi des Dieux. Visiblement, personne à l'Élysée n'avait lu ma lettre.

En réalité, j'étais inquiet : cet homme qu'on avait sacré prophète risquait de décevoir, et la réaction du peuple français pouvait être violente. Deux ans plus tard, la crise des Gilets jaunes éclata.

Ce livre est né de la volonté d'expliquer ce qui nous est collectivement arrivé au mois de mai 2017.

---

5. *L'Opinion*, « Souviens-toi que tu n'es qu'un homme », 8 mai 2017.
6. Un esclave se tenait derrière les généraux vainqueurs, lors des triomphes romains, pour leur susurrer « *memento mori* » (« Souviens-toi que tu vas mourir ») et les inciter à garder leur humilité.

Le quiproquo

L'élection de 2017 a été remportée sur un quiproquo.

Une partie significative du peuple Français a vu simplement en Emmanuel Macron un jeune Président, le représentant d'une génération qui mettrait à la poubelle la Gauche, la Droite, les luttes stériles, les oppositions factices, bref « le vieux Monde », quelqu'un qui gouvernerait uniquement dans le sens de l'intérêt général, sans se soucier d'appliquer un schéma idéologique particulier[7]. Le candidat les y avait lui-même encouragés. En avril 2016, à Amiens, celui qui n'était alors que ministre expliquait qu'En Marche, le mouvement qu'il lançait ce soir-là, ne serait « pas à droite, pas à gauche ». Cette promesse-là fut respectée, à défaut de celle qui la suivait (« Ce n'est pas un mouvement pour avoir un énième candidat de plus à l'élection présidentielle »). Il posait le principe qu'il fallait puiser les bonnes idées là d'où elles venaient, pour réussir, bousculant le vieux clivage périmé.

Tous ont été emportés par son charisme et ses capacités intellectuelles, à la manière d'une vague d'adhésion populaire. Peu se sont risqués à juger de son contenu idéologique. Il est vrai que les ralliements en série, de Daniel

---

[7]. Une autre partie des Français l'a simplement élu, car il était la seule option raisonnable si on ne voulait pas des extrêmes, après le scandale ayant éclaboussé François Fillon, et sur ce point Emmanuel Macron a toujours agi sans aucune ambiguïté.

Introduction : Initiales E.M.

Cohn-Bendit à Gérald Darmanin, en passant par François Bayrou ou Robert Hue, s'accommodaient très bien de ce grand flou. Jean-Louis Bourlanges, ancien député européen, élu député Modem, s'était risqué à définir le macronisme comme « un mélange insolite de gaullisme et de centrisme[8] ». Cela aurait dû nous alerter, tant les traditions politiques sont éloignées. Que se passe-t-il lorsqu'on mélange de l'eau et du feu ? De la fumée. Beaucoup de fumée.

Pour ne pas mourir bête et essayer de comprendre, je me suis obstiné à lire le lénifiant livre-programme publié en novembre 2016, intitulé à juste titre *Révolution*, puisqu'il tourne sur lui-même. Je l'ai trouvé plutôt insipide, une très jolie collection d'idées reçues et de « wishful thinking », par exemple lorsqu'Emmanuel Macron écrit : « Nous devons sortir de nos habitudes. L'État, les responsables politiques, les hauts-fonctionnaires, les dirigeants économiques, les syndicats, les corps intermédiaires […] Si nous voulons avancer, faire réussir notre pays […] il faut agir. Car la solution est nous » – comment ne pas être d'accord avec cette affirmation qui aurait pu figurer dans une publicité tirée des années quatre-vingt pour Kellogg's ?

Peu s'en sont émus.

---
8. Figaro.fr, 10 mai 2017.

On en a conclu que le macronisme était un fourre-tout idéologique, puisque dans cet ouvrage, il trace une troisième voie en se déclarant libéral et de gauche, empruntant à chaque camp des bouts d'idées. Il a été faussement assumé que le nouveau président n'avait pas de boussole idéologique particulière. C'est inexact.

Le grain de l'ivraie

Tous les entretiens qu'a pu donner Emmanuel Macron démontrent que loin de simplement vouloir dépasser la Droite et la Gauche, ce-dernier a régulièrement appelé au contraire à une clarification idéologique autour de nouveaux clivages. On peut par exemple citer la longue interview-confession donnée à *Challenges* où il promeut une « clarification idéologique qui permette à chacun de se repositionner selon un clivage pertinent […]. »

La nature du « nouveau clivage » s'est ensuite affinée. Emmanuel Macron parlait au départ d'un rassemblement des progressistes, une social-démocratie et un social-libéralisme devant tracer un nouveau chemin vers le progrès et une régulation de la mondialisation, alliée à une « droite progressiste », modérée, européenne et libérale.

Il n'y a jamais eu d'hésitation dans la démarche d'Emmanuel Macron. Tous les reportages qui ont pu être faits sur lui montrent à quel point le candidat est rapide,

Introduction : Initiales E.M.

instinctif, sympathique, organisé. Des points qui plaident pour lui. Un seul devrait nous troubler : il ne doute jamais, ni de ses capacités, ni de sa démarche. Son regard, fixe, est braqué sur un horizon qui échappe au commun des mortels. Brillant ou pas, il est toujours dangereux pour un peuple de se livrer à l'aveugle à un prophète qui va tout droit. Si en face, il y a un mur, personne ne pourra arrêter l'accident mortel.

Or, le macronisme coupe les virages et aime aller vite. Lors de son deuxième discours devant le Congrès, le président Macron a, par exemple, dramatisé son analyse en parlant d'une guerre entre les progressistes et les nationalistes. Ses premiers mots ont été pour son adversaire : la tentation du repli et de la fermeture, en désignant à demi-mot Marine Le Pen. Dans son discours devant le Congrès américain, on retrouve le même schéma : il n'y a que deux options sur la table, l'une d'elles étant l'isolationnisme, le retrait, le nationalisme (trois choses qui sont pourtant distinctes dans leur essence), c'est à dire « fermer la porte du monde », l'autre étant de garder « les yeux grand ouverts ». Le macronisme ne va pas à la godille, il désigne clairement son adversaire : la « droite dure du repli », les « gauches radicales du repli (*sic*) et de la démondialisation ». Emmanuel Macron, tel un prédicateur millénariste, délimite deux mondes : le camp du Bien et du possible, et en face le Chaos. Plus tard, au plan européen, il reproduira exactement le même schéma en faisant de Viktor Orban le « Grand Satan » européen.

Les pragmatiques, encore appelés « réalistes » en sciences politiques, évitent généralement ce type d'embardée manichéenne qui peut les éloigner loin de leurs intérêts du moment. François Ier fait alliance avec le Grand Turc, Nixon décide de rencontrer Mao et d'ouvrir des relations diplomatiques. La désignation d'un adversaire à abattre se rattache effectivement plus à une culture idéaliste américaine, à la manière d'un Woodrow Wilson ou d'un Georges W. Bush (néo-conservatisme), friand d'expression comme celle de « l'axe du Mal ».

Il y a, pourrait-on dire, une forme obsessionnelle dans la manière dont Macron schématise, discours après discours, les enjeux en deux camps, deux options, deux voies. Son credo, ses maîtres-mots sont toujours la liberté, la concurrence et l'ouverture. En invoquant l'énergie, l'émancipation, l'espérance, il canalise un vocabulaire positif : la fermeture implique d'être obtus, de manquer d'oxygène, et donc de se rabougrir. De se refermer. De rejeter l'autre. Ce manichéisme complexifie le visage du macronisme, qui est loin d'être un simple mouvement inoffensif. Il démontre clairement qu'il est basé sur une conception du monde qui sépare le grain de l'ivraie, les bons des méchants.

Cette croisade passe par le rétablissement d'une certaine « vérité d'Etat », car nul ne peut contester la parole de celui qui détient la Vérité. Ainsi, en juillet 2018, va-t-il jusqu'à critiquer la liberté d'informer à propos de l'affaire Benalla :

Introduction : Initiales E.M.

> Ce que je regarde depuis quatre jours, c'est un spectacle où la tentation pour presque tous les pouvoirs est de sortir de son lit. Nous avons une presse qui ne cherche plus la vérité […] Je vois un pouvoir médiatique qui veut devenir un pouvoir judiciaire, qui a décidé qu'il n'y avait plus de présomption d'innocence dans la République et qu'il fallait fouler aux pieds un homme et avec lui toute la République[9].

Lorsque cette presse s'était déchaînée en pleine campagne présidentielle contre son rival des Républicains, Emmanuel Macron avait pourtant semblé passablement moins inquiet pour la République. Une fois devenu Président, l'une des priorités de l'Elysée a été l'adoption d'un texte de loi contre le bidonnage d'information (ou *fake news*), déclenchant un tollé dans le milieu journalistique, car empiétant sur la liberté d'expression.

Sa vérité est d'ailleurs changeante. Dans son livre *Révolution* de novembre 2016, Macron écrivait : « D'aucuns pensent que le monde est en déclin, que le pire est à venir, que notre civilisation s'efface. Que le repli ou la guerre civile constituent notre seul horizon. » Et ce, pour mieux les fustiger. À peine deux ans plus tard, il n'hésite plus à jouer les Cassandre, en mettant en garde contre ce qui serait « un dernier moment d'unité avant que le monde sombre dans un nouveau désordre ». Pour mieux justifier ses intérêts électoraux, et la diabolisation des « nationalistes »,

---
9. Retranscription de la conférence de presse du 18 juillet 2018, Le Monde.

Macron n'hésitera pas à pervertir les commémorations du Onze Novembre en voulant en faire un grand moment de réconciliation franco-allemande face aux « nationalismes » dont Orban ou Salvini seraient l'incarnation moderne. Malheureusement pour Emmanuel Macron, la guerre de 14-18 avait eu lieu avant le bouillonnement nationaliste des années trente, et trouvait son origine davantage dans la rigidité des préparations militaires et des alliances, et la démission de l'élite politique européenne face à des généraux qui rêvaient d'en découdre. Cela n'arrêta pas la machine élyséenne et on décida de réécrire un peu l'Histoire.

Souhaitant évoquer le climat de 39-45 avec une commémoration ciblée sur 14-18, l'Élysée s'emmêlera les pinceaux. Ordre sera ainsi donné de ne pas faire de défilé militaire le Onze Novembre, au prétexte que les poilus n'étaient pas vraiment des soldats. Quant à l'armée de l'air française, elle frôlera le crash en publiant sur son compte Twitter un incroyable raccourci historique faisant de 1918 le début « d'un siècle de paix franco-allemande » !

Le point Godwin sera atteint lorsque, tentant maladroitement de réintégrer la dimension militaire évacuée sans ménagement pour ne pas indisposer Angela Merkel, Macron manifestera l'envie d'aller s'incliner devant les maréchaux de la Grande Guerre… dont le Maréchal Pétain, frappé d'indignité nationale en 1945, au nom de son apport militaire pour la victoire de 1918. Comment en est-on arrivé, pour la commémoration d'une grande guerre avec l'Allemagne, dont on voulait initialement supprimer

Introduction : Initiales E.M.

le caractère trop guerrier ou militaire, à ce qu'un président imagine de s'incliner devant la stèle du Maréchal Pétain, l'homme de la rencontre avec Hitler, au nom de ses qualités militaires, cela restera éternellement un mystère pour moi.

Sa pensée a beau faire des embardées, Macron ne doute cependant jamais de sa vision, et l'autocritique n'est pas son fort. Lorsqu'en novembre 2018, la crise des Gilets jaunes l'oblige à s'exprimer sur TF1, il consent à reconnaître – euphémisme – « qu'il n'a pas réussi à réconcilier le peuple français avec ses dirigeants », en persistant à se concevoir comme la solution (celui qui doit acter la réconciliation) et non comme le problème (le dirigeant mal-aimé). Il estime être le seul en capacité de comprendre le monde tel qu'il est et de guider la France vers des lendemains plus heureux.

Comment est-ce qu'un candidat aussi formaté idéologiquement a-t-il pu passer, sans coup férir, au nom du *dépassement idéologique*, là est une forme de mystère. J'avance une hypothèse : l'élection d'Emmanuel Macron s'est imposée dans les esprits comme un *antidote* aux poisons qui rongeaient la France. Par son style, son âge, sa génération, son absence d'expérience politique très ancienne, il promettait la nécessaire cure de rajeunissement et de renouvellement de la classe politique. Son programme, ses idées, dès lors avaient moins d'importance, puisqu'il s'agissait de rejeter tous les autres candidats, associés collectivement à un système qui avait failli. Lui-même l'avait senti, compris et facilité, en mettant en avant son prétendu *pragmatisme*. Il s'agissait de permettre le ralliement des Français, d'où qu'ils viennent et il y a effectivement dans la poussée macroniste un réel élan sincère qui va dans ce sens. Des milliers de Français devenus marcheurs ont répondu à l'appel.

Depuis, l'opinion aura rapidement compris qu'il piochait les idées là où elles étaient les meilleures, mais que bizarrement, Macron cherchait toujours dans la même besace ses solutions. L'image d'un Président « ni de droite, ni de gauche » a commencé à se craqueler, et beaucoup le classent à Droite. Voilà quelque chose de surprenant. Bien que se déclarant résolument pragmatique, Macron s'affirmait en effet « homme de Gauche » (mais pas socialiste)[10].

Cet ouvrage se donne pour objectif de déconstruire les ressorts de la pensée macronienne et l'idéologie qui lui sert de colonne vertébrale, plutôt que de suivre la voie de bon nombre d'ouvrages qui sont venus explorer soit l'histoire personnelle de ce jeune homme bien élevé de la bourgeoisie d'Amiens, soit les coulisses politiques de sa fabuleuse victoire. Je refuse le postulat téléologique implicite qui fait d'Emmanuel Macron un prophète prédestiné à sauver la Nation, et qui, à l'instar de la Jeanne d'Arc de Jules Michelet « confondant la voix de son cœur avec la voix du ciel, conçoit l'idée étrange, improbable, absurde, si l'on veut, d'exécuter la chose que les hommes ne peuvent plus faire, de sauver son pays[11] ». Car pour pouvoir démystifier

---

10. *Challenges*, octobre 2016.
11. Jules Michelet, Jeanne d'Arc.

Introduction : Initiales E.M.

la politique d'Emmanuel Macron, et proposer une alternative, il convient d'abord de convaincre les Français que, loin de naviguer au gré des circonstances avec pour seule boussole l'intérêt de la Nation, le huitième président de la Ve République a bel et bien un agenda politique, une fois débarrassé de toute la mousse de sa communication et des contrefeux allumés pour brouiller la piste.

L'élection d'Emmanuel Macron a été un sursaut positif après cinq années de déprime et de montée du Front National, élection après élection. Malheureusement, les objectifs du macronisme sont contestables. Contrairement aux apparences, le corpus idéologique d'Emmanuel Macron conduit au façonnage d'une société très éloignée des idéaux de la République, et surtout aux antipodes de ce dont la France a besoin. J'ai l'intime conviction que de la même manière que Matteo Renzi en Italie a préparé la place à Salvini et Obama laissé la place à Trump aux Etats-Unis, loin d'être un antidote aux extrêmes, Emmanuel Macron en sera l'antichambre. Macron est un pompier pyromane sans le savoir : il veut éteindre un incendie avec un chalumeau.

Chapitre I

Sans idéologie, discours, ou baratin ?[1]

Pragmatisme, opportunisme ou utilitarisme ?

S'il y a bien un adjectif qu'Emmanuel Macron a réussi à s'approprier pendant la campagne, c'est celui de pragmatique. Effectivement, pragmatique, Macron l'est doublement.

Il se conçoit tout d'abord au travers d'une approche strictement « technique » des problèmes économiques dont souffrirait notre pays, et dont la pathologie a été diagnostiquée en 2008 par ce même Emmanuel Macron, alors rapporteur de la fameuse commission Attali « pour la libération de la croissance française ». Le terme *pragmatique* est assez récent et est apparu sous la plume de

---

1. Les mélomanes auront reconnu un extrait de l'hymne des Restos du Cœur, chanson écrite par Jean-Jacques Goldman.

William James au détour du xxᵉ siècle en niant l'existence d'une vérité unique au profit d'une maxime : « Les idées ne sont pas vraies ou fausses. Elles sont ou non utiles ». L'ordonnance médicale du Docteur Attali commençait par la même philosophie : « Le moment est venu. Ceci n'est ni un rapport, ni une étude, mais un mode d'emploi pour des réformes urgentes et fondatrices. Il n'est ni partisan ni bipartisan : il est non partisan ».

Armé de cet argumentaire imparable, Emmanuel Macron, dans la décennie qui a suivi, a été l'agent propagateur de ces mesures-choc, distillées dans le programme de campagne de François Hollande, puis reprises dans son propre programme : basculer les charges sociales sur la CSG pour alléger le coût du travail pour les entreprises, faire travailler les gens au-delà de l'âge légal de la retraite, déréguler un certain nombre de professions réglementées, accélérer la mobilité géographique des salariés, développer l'industrie éolienne…

Lorsqu'il faut une nouvelle fois défendre le non-rétablissement de l'ISF après la crise des Gilets jaunes, c'est encore l'adjectif pragmatique qui surgit dans la bouche du chef de l'État, lors de sa conférence de presse du 25 avril 2019 :

> Cette réforme […] a mis en place l'impôt sur le patrimoine immobilier mais elle a supprimé la partie du patrimoine qui était investie dans l'économie pour encourager l'investissement. S'il n'y a pas d'investissement, il n'y a pas d'économie.

Cette partie, je juge de mon devoir de la défendre. Elle relève du simple pragmatisme.

Son pragmatisme économique le conduit en réalité, comme on le verra plus tard, à suivre un agenda néo-libéral bien particulier.

Il n'est cependant rien par rapport à l'opportunisme politique dont a su habilement faire preuve le président Macron. Les conditions dans lesquelles il est parvenu à inspirer[2] puis appliquer le programme économique de François Hollande de 2012, tout en parvenant cinq années plus tard à se positionner comme l'homme de la rupture, démontrent une certaine habileté et beaucoup d'adaptabilité. À une époque marquée par le reflux des idéologies et des grands débats théoriques, Emmanuel Macron a centré son message sur la capacité à régler les problèmes concrets des Français (l'emploi, le chômage, la pauvreté…), après une mandature Hollande marquée par l'échec de l'inversion de la courbe du chômage. La rapidité avec laquelle il est ensuite parvenu à trahir sans poignarder son ancien mentor pour prendre sa place a quant à elle démontré que la frontière entre le pragmatisme et l'opportunisme était parfois ténue.

La priorité consacrée aux sujets économiques correspondait évidemment à une attente de l'électorat, mais aussi aux

---
2. Cf. *Dans l'Enfer de Bercy*, page 290.

atouts du candidat, ancien ministre des Finances, ancien banquier. En décembre 2016, l'Ifop établissait par exemple que la lutte contre le chômage faisait jeu égal avec la sécurité et l'anti-terrorisme dans les priorités des Français, alors que quatre mois plus tôt le meurtre du père Hamel avait eu lieu[3]. Cette priorité économique recueillait l'assentiment de 27 % des sondés en première position, et au global arrivait en tête de toutes les préoccupations lorsqu'elles n'étaient pas hiérarchisées (54 %).

Le livre d'Emmanuel Macron, *Révolution,* exposait un projet pour une France entrepreneuriale et solidaire, qui reprenne confiance devant la transformation du monde, en stimulant les énergies, c'est-à-dire en pariant sur la réussite individuelle de chacun. Emmanuel Macron ne s'est cependant jamais risqué à donner une vision globale de la société à laquelle il aspirait. Il n'a esquissé dans *Révolution* aucune grande réforme de principe, à l'instar de ce qu'il fera un peu plus tard à demi-mot – et à titre personnel – sur le sujet controversé de la PMA[4], et évité soigneusement les sujets controversés de société comme la fin de vie ou l'homoparentalité.

---

3. *Atlantico*, 7 décembre 2016.
4. *Causette*, février 2017 : « Le fait, aujourd'hui, que la PMA ne soit pas ouverte aux femmes seules, aux couples de femmes de même sexe, c'est une discrimination qui ne se justifie pas, ni sur le plan éthique philosophique, ni sur le plan politique. Je pense que, c'est mon opinion personnelle, c'est en effet de l'ouvrir et de l'étendre aux femmes, aux couples de même sexe ».

La raison en est simple. Pour que le « pragmatisme » macronien s'épanouisse, il faut que la politique apparaisse comme un simple choix de questions techniques, ce qui revient à mettre en priorité les questions économiques au détriment de choix de civilisation ou de questions éthiques. Difficile de dire que la liberté, la fraternité, la propriété ou la laïcité sont « utiles » ou pas. Impossible, sur un débat sur l'euthanasie ou l'avortement, de ne prendre en compte que les seuls facteurs de coût ou les probabilités de survie. Emmanuel Macron, plutôt que de définir un choix collectif, avait d'ailleurs forgé sur ces questions de société le slogan d'une « société du choix » (individuel).

En revanche, une augmentation de la CSG, une transformation du régime de retraite ou encore la création d'une nouvelle police du quotidien correspondent à des propositions qui ont toutes des avantages et des inconvénients, et répondent parfaitement à la définition précitée de William James.

Ce choix correspond bien à l'image que j'ai conservée de mon camarade de l'ÉNA, qui évitait déjà les prises de position politiques et conservait une certaine neutralité bienveillante (et prudente) à l'égard des clivages qui traversaient déjà notre promotion. Personne ne savait véritablement, à part peut-être quelques amis et encore, où il se situait sur l'échiquier politique. En cela, il avait le véritable ADN du haut-fonctionnaire, qui est là pour proposer des solutions concrètes.

La recherche de pragmatisme macronien s'est ensuite incarnée dans plusieurs mouvements concomitants : le premier a été la dépolitisation et la destruction des politiciens professionnels. Le second a été, en conséquence, le « jupitérisme ».

De la dépolitisation des enjeux au jupitérisme

La critique de la stérilité de l'Ancien monde, puisant sa légitimité à la fois dans l'expérience douloureuse du débat parlementaire sur la loi Macron (qui s'est terminé par un vote bloqué imposé par Manuel Valls à son ministre de l'Économie) et dans le sentiment antiparlementariste qui s'est développé ces dernières années[5], a débouché sur le souhait de chasser du Parlement les politiciens professionnels. Ces derniers sont accusés en creux de perdre leur temps en disputes stériles au mépris de l'intérêt supérieur de la Nation, d'où la volonté de doter la France d'un gouvernement performant, c'est à dire expert.

Macron a compris qu'il y avait là une opportunité de « chasser les marchands du temple »… et d'y mettre les siens.

La majorité En Marche, recrutée sur internet, a été la première lame de ce rasoir « pragmatique ». S'il s'agissait,

---
5. Cf. mon ouvrage *Salaud d'Élu*, éditions Cent Mille Milliards.

Sans idéologie, discours, ou baratin ?

à l'origine, comme le disait Richard Ferrand, d'amorcer le retour définitif des citoyens au cœur de notre vie politique, Emmanuel Macron a finalement assez peu recyclé les élus de l'Ancien Monde (281 candidats n'avaient jamais exercé le moindre mandat politique), et privilégié des « sachants » CSP +, issus du secteur privé : un tiers des candidats LREM (156) avaient ainsi leur propre entreprise, dont 44 avaient fait HEC et 50 Sciences Po. À l'inverse, parmi les candidats ne se trouvaient que deux ouvriers[6]. A l'arrivée, la majorité En Marche (308 députés) ne compte que 23 anciens députés. Les deux tiers sont des cadres ou issus des professions intellectuelles, et 70 % sont issus du secteur privé[7].

Cette nouvelle génération d'élus a apporté un sang neuf appréciable au Palais-Bourbon, et chassé sans doute quelques députés qui vivaient de leurs acquis depuis de trop nombreuses années. Dans les premiers temps de leur arrivée au Palais-Bourbon, la promotion Macron, désireuse de se démarquer de ses prédécesseurs jugés inefficaces, a voulu montrer qu'elle croyait en la performance : les députés du Nouveau Monde se montrèrent hyperactifs, voire scolaires, et promettaient de faire fonctionner différemment la vieille institution. Le revers de la médaille est que beaucoup avaient été élus sans enracinement ni

---

6. *Le Monde*, « Qui sont les candidats de La République en marche aux législatives 2017 ? », 6 juin 2017.
7. *Le Parisien*, « Députés LREM : plus de jeunes, plus de femmes et… plus d'élites », 25 juin 2017.

personnalité propre, uniquement grâce au visage magique d'Emmanuel Macron sur les affiches.

La plupart des promesses ne survécurent pas au-delà de l'été 2017, comme par exemple celle de travailler main dans la main avec l'opposition (la majorité reçut bientôt l'ordre de ne pas cosigner les amendements du camp d'en face). On s'aperçut bientôt que si la Macronie avait incubé de réels talents, elle avait apporté son lot d'erreurs de casting, tous ne se rendant pas compte que leur conduite était désormais scrutée par les médias. Du député « tour-operator » faisant payer les visites de l'Assemblée, au député malheureux de ne pouvoir manger que des pâtes malgré un salaire confortable, la génération Macron vécut quelques scandales qui les firent revenir sur terre. Pendant la suite du quinquennat, le flux ne s'est pas tari avec des profils originaux comme Joachim Son-Forget, en roue libre sur Twitter, ou Aurélien Taché, assimilant le serre-tête au hidjab. Quant à l'assiduité, elle a rejoint la norme des députés de l'Ancien monde.

La croyance dans la compétence technique a amené par la suite Emmanuel Macron à s'entourer logiquement d'un collège de ministres-experts, la « deuxième lame » du rasoir pragmatique. Le gouvernement dirigé par Édouard Philippe s'est ainsi très largement appuyé sur des ministres issus de la société civile. Le nombre de politiques fut réduit, et encore, avec peu de têtes d'affiche. Une étude de l'Ifop d'août 2018 révélait ainsi que les taux de notoriété des secrétaires d'État venus du monde politique (Girardin, Gourault, Mézard, Lemoyne, Dussopt) n'étaient pas significativement meilleurs que ceux issus de la société civile. Certains ministres très politiques, comme Gérard Collomb ou Christophe Castaner, ont du reste brillé par leur incompétence au moment, respectivement, de l'affaire Benalla et des manifestations de Gilets jaunes. Ils n'étaient en effet pas des personnalités de premier plan avant l'arrivée de Macron au pouvoir.

Le changement de paradigme a été validé par une approche managériale « par la performance » du travail gouvernemental. Au moment de la constitution du gouvernement, chaque ministre s'est vu remettre en feuille de route, appelée *draft*, appellation révélatrice du nouvel état d'esprit qui régnait dans les cabinets, Début juillet 2018, le Premier ministre a ainsi annoncé qu'il recevrait ses ministres pour des entretiens d'évaluation individuels, une technique empruntée au secteur privé. Christophe Castaner, interrogé sur cette idée, avait poussé les feux : « C'est nécessaire d'assumer l'évaluation, on la demande aux Français, il faut la demander aussi »[8].

Il faut cependant reconnaître que cette approche managériale n'est pas propre au macronisme et que François Fillon, en son temps, en avait esquissé l'idée, avant d'y

---

8. *lefigaro.fr*, « Les ministres convoqués par Edouard Philippe pour un entretien d'évaluation », 3 juillet 2018.

renoncer au fil du temps. La différence est qu'Emmanuel Macron, qui n'est pas passé par un parcours électif classique et qui n'a jamais caché son faible intérêt pour le système parlementaire, a associé cette approche par la performance à un gouvernement de techniciens où la plupart des ministres disposent d'un poids politique très faible et à une majorité sans histoire collective, sans réflexes politiques, élue sur le seul nom d'Emmanuel Macron. Il en a résulté que l'Élysée a concentré la prise de décision, en lien direct avec l'administration, réduisant les politiques au rang de porte-paroles.

Était-ce l'objectif initial d'Emmanuel Macron ou bien le résultat mécanique et involontaire de ce renouvellement tant annoncé ? Pendant sa campagne, Emmanuel Macron avait fait siennes les idées horizontales de démocratie participative, s'adossant à un peuple de marcheurs pour faire exploser le système politique. Il avait ainsi lancé, depuis Facebook – *New Age* oblige – sa « grande marche », initiative visant à recueillir le sentiment des Français sur l'état du pays avant 2017, rappelant les « débats participatifs » lancés par Ségolène Royal en 2006. Bref, il apparaissait plus Prométhée, celui qui donne le feu aux hommes, que Jupiter, celui qui leur envoie la foudre pour les punir.

Pour autant, le jupitérisme était en germe dans l'analyse macronienne pré-électorale et n'est pas tout à fait sorti de nulle part. Emmanuel Macron en avait parlé plusieurs mois auparavant dans une interview à *Challenges* d'octobre 2016, non pas pour la revendiquer, mais pour dire que François Hollande ne croyait pas en la présidence jupitérienne et que lui ne croyait pas en la présidence normale. Emmanuel Macron avait en fait fustigé le fait que le champ politique ait déserté la strate idéologique, qui permet de donner du sens et des perspectives, et la strate de la réalité et du quotidien. Il considérait que le discours présidentiel devait s'extirper de l'espace technocratique pour redonner une cohérence idéologique et avait regretté que « la domination de la technocratie [...] a (it) tout technicisé, y compris notre relation aux symboles[9] ».

Lors des législatives, faute d'idéologie clarificatrice dans la confusion des ralliements contre-nature, le panache d'Emmanuel Macron était apparu comme le seul point d'entente et d'unité. Le prophète avait fondé son Église. Plus que tout autre Président, qui avait hérité du précédent mandat une génération de députés déjà ancrés, Emmanuel Macron a façonné d'un bout à l'autre son armée de députés de terre cuite.

Une fois élu, le Président a mis en application sa réflexion. Le président ne pouvait pas avoir peur de la technostructure, il en était le mandataire. Il ne pouvait redouter ni Bercy, dont il est issu, ni les autres forteresses administratives qui hérissent l'État. À côté du gouvernement « officiel », le Président a tissé deux réseaux concurrents : ses fidèles

---

9. *Challenges*, octobre 2016.

sont venus, à des postes subalternes, fliquer les ministres dont la loyauté politique était assez récente ou sujette à caution. Christophe Castaner est devenu secrétaire d'État auprès d'Édouard Philippe et Benjamin Griveaux est venu équilibrer Bruno Le Maire. Ensuite, Emmanuel Macron a imposé à ses ministres des directeurs de cabinet issus de l'énarchie.

Emmanuel Macron s'est ensuite glissé dans ce système comme l'araignée au milieu de sa toile. Entouré de néophytes au gouvernement et de petits marquis bien nés et diplômés à l'Élysée, il s'est retrouvé comme étant le seul en mesure de faire de la politique. Pas de voix discordante dans l'orchestre.

Telle est l'organisation du pouvoir en Macronie : les ministres et le gouvernement dans la strate technocratique et, au-dessus, celui qui incarne l'autorité et dont le Verbe est la foudre : Jupiter. À l'instar du géant Atlas, Macron porte le poids de la France sur ses épaules et nul ne saurait le décharger de ce poids.

Il est naturellement le « technocrate en chef » tout comme il est le « patron » des militaires et lorsque l'administration a cru pouvoir s'émanciper, elle a été sévèrement et brutalement rappelée à l'ordre. C'est ainsi que le général de Villiers fut viré comme un malpropre pour avoir osé s'affranchir, et que lors de l'affaire Benalla, les déclarations des hauts-fonctionnaires de la police ne furent pas au goût du Château qui en profita pour reparler de l'introduction d'un *spoil-system*. L'Élysée attendit que la tempête retombe avant de faire payer en mars 2019 à Alain Gibelin, directeur de l'ordre public et de la circulation, ses déclarations de l'été 2018 devant la commission d'enquête qui avaient fragilisé l'argumentaire élyséen.

Plutôt que de parler de triomphe de la technocratie, il faudrait donc parler de dépolitisation des enjeux, au service d'un seul homme, car l'idéologie profonde de Macron l'incite à penser qu'un seul cap est possible : le sien.

Cet exercice solitaire du pouvoir s'est ensuite manifesté à plusieurs reprises. On peut citer, au plan des cas symboliques, l'hyper-personnalisation du Grand Débat pendant la crise des Gilets jaunes. Alors qu'Emmanuel Macron était la cible (et le principal responsable) de la vindicte populaire, il choisit de s'imposer comme la solution et d'animer lui-même, alors qu'il est président de la République, une dizaine de débats dans tout le pays. N'y avait-il aucun ministre capable de le suppléer ? Visiblement pas, et ce « grand débat » a tourné à la grande prêche d'un président-prophète renouant avec les grandes heures de l'antique royauté : « Le Roi te touche, Dieu te guérit. »

Déjà en novembre 2018, un palier avait été atteint avec les commémorations du centenaire de la Grande Guerre, recentrées sur la propre « itinérance mémorielle » du président. Adieu le soldat inconnu : il n'y a de la place que pour le *civil trop-connu*. Adieu la révérence pour les millions d'anonymes morts libérer notre territoire : place à un chemin de croix mémoriel dont il serait le Jésus salvateur.

Au-delà de ces deux exemples typiques d'égocentrisme messianique, le mode de management Macronien a eu des effets institutionnels beaucoup plus graves.

Déjà, la volonté d'Emmanuel Macron de s'adresser chaque année au Parlement réuni en Congrès à Versailles, puis de modifier la Constitution pour qu'il puisse écouter les réponses des groupes parlementaires, était une pâle manière de singer les présidents américains mais surtout la preuve que pour Macron, le gouvernement et le Premier ministre n'ont pas d'existence politique spécifique. Mais lorsque dans l'affaire Benalla, les premières auditions de la commission d'enquête parlementaire ont révélé que le garde du corps et chef de cabinet adjoint du président de la République avait bénéficié de protections hautement placées au Château, la Macronie est apparue dans toute sa nudité.

Loin de contester cette centralisation excessive, Macron l'a confessée. Sa seule réponse a été de venir parler aux députés de sa majorité et, bravache, de lancer à la cantonade : « Je suis le seul responsable, qu'ils viennent me chercher ! » Cela, après avoir expliqué « [qu'on] ne peut pas être chef par beau temps et vouloir se soustraire lorsque le temps est difficile. » En réalité, cette affaire Benalla était le versant sombre du système d'organisation macronien doublonnant « l'État légal », les ministres théoriquement chargés de la sécurité étant écartés de la chaîne d'ordre. Gérard Collomb en a tiré les conséquences, refusant de jouer le fusible d'une affaire dont il avait visiblement été tenu écarté, et préférant partir en mettant devant le fait accompli le président de la République.

La commission d'enquête du Sénat, relevant des incohérences et des contradictions dans les témoignages présentés devant elle, décida de saisir la Justice en pointant des dysfonctionnements majeurs au plus haut sommet de l'État, avec des conflits d'intérêts parmi les collaborateurs de cabinets : prérogatives et moyens importants pour Alexandre Benalla ; doutes sur l'effectivité réelle des sanctions infligées à ce proche d'Emmanuel Macron, dont la confiance reste intacte jusqu'en juillet 2018 ; conclusion d'activités de nature privée avec un oligarque russe susceptibles de présenter un risque pour l'État. Elle n'avait pas d'autre choix, confrontée à des mensonges sous serment de la part de hauts responsables publics, proches du pouvoir. La réaction de la Macronie fut consternante, en présentant cette saisine de la Justice comme un quasi-blasphème : en critiquant les travers du présidentialisme macronien, on remettait en cause le dogme de son infaillibilité.

Un prophète est censé révéler au monde la Vérité. Emmanuel Macron, lui, a croisé la route du mensonge à plusieurs reprises et, plutôt que de battre sa coulpe, a choisi l'excommunication comme arme.

La Macronie a deux règles : 1° Le Prophète a toujours raison ; 2° Lorsqu'il a tort, se reporter à la règle n° 1.

De Jupiter à Janus, magie du Verbe et dureté du réel

Emmanuel Macron aime parler et expliquer sa « pensée complexe » : il a la magie du verbe et du symbole, et ne s'en est jamais caché, considérant que pour restaurer l'autorité démocratie (et présidentielle), il fallait redonner du sens et « un univers de symboles[10] ». C'est ainsi que la Macronie a usé et abusé de symboles pour restaurer la stature présidentielle, qu'il s'agisse de baptiser un panda chinois, déposer un crayon pour honorer Jean d'Ormesson ou modifier les armoiries présidentielles pour s'arroger la croix de Lorraine. En fait, pendant ses deux premières de mandat, Emmanuel Macron a communiqué abondamment, passant d'un jupitérisme distancié à un jupitérisme bavard. Là où de Gaulle prenait quelques minutes pour adresser un message essentiel au peuple français, Emmanuel Macron prend son temps, jusqu'à compter en quart d'heure, voire en demi-heure. Les Français ont eu l'impression que le Docteur Macron était résolument à l'œuvre pour soigner le pays,

---
10. *Challenges*, octobre 2016.

mais en réalité, après plusieurs mois de mandat, point de grandes réformes, mais plutôt des placebos. En y regardant de plus près, le bilan reste en effet plus que symbolique.

La loi de Finances pour 2018, puis celle de 2019, voulaient équilibrer justice fiscale et baisse des impôts, tout en visant un meilleur équilibre budgétaire. La justice fiscale n'a pas été au rendez-vous : si les entreprises et les propriétaires de valeurs mobilières ont pu pousser un soupir de soulagement avec un allègement significatif de leurs impôts et charges, les retraités et les propriétaires ont payé symétriquement l'addition, et le solde budgétaire ne s'est amélioré qu'en raison d'une croissance meilleure que prévue[11]. En supprimant la taxe d'habitation, dont le calcul est effectivement décorrélé de la valeur immobilière, pour 80 % des contribuables, Emmanuel Macron a accru l'injustice de la laisser pour les 20 % de la population restante : quand un impôt est injuste, il l'est pour tout le monde. Emmanuel Macron s'est mis dans une seringue budgétaire puisqu'il lui faut désormais réfléchir à comment la supprimer totalement et surtout la compenser. Enfin, il a coupé en deux l'ancien ISF, ce qui fait qu'il est toujours critiqué par ceux qui font de la suppression de cette vache sacrée un casus belli. Demi-symbole.

---

11. *Atlantico*, « Amélioration du déficit comptable : les grosses ficelles comptables et médiatiques du gouvernement, 13 mars 2018.

Les ordonnances sur la loi Travail ont été présentées comme une avancée économique indéniable, le jour de la libération tant attendu par les entreprises et il est vrai qu'elles allaient dans le bon sens. Malheureusement, elles n'ont pas créé directement des emplois, sauf à considérer que la fusion de comités en « comité social et économique » ou encore la mise en place du barème des indemnités prud'hommales puissent avoir un impact psychologique. Symbole.

La loi de modernisation de la vie politique s'est terminée en farce, avec *in fine* un système de contrôle pas très éloigné du précédent, où les embauches croisées de collaborateurs familiaux permettent de contourner l'esprit de la loi. Symbole hypocrite, que l'affaire Benalla, ce collaborateur mi-gorille mi-cowboy abusivement favorisé par le Château, a fini par écorner.

La loi d'interdiction des hydrocarbures, votée pour « un signal » au monde d'une lutte résolue contre le réchauffement climatique prendra effet… en 2040. La France sera le premier pays au monde (et pour l'instant le seul) à interdire le fossile. Impact mondial : 0,00018 % des émissions. Impact national : destructions d'emplois de la filière. Symbole anti-économique.

La directive sur les travailleurs détachés a fait l'objet d'une offensive diplomatique de la France en Europe. À la fin, le résultat du « succès » de Macron est limité :

les détachements seront limités à douze mois, alors que la durée moyenne est de quatre mois, et le sujet de la couverture sociale a été éludé. Symbole de papier.

La réforme de la SNCF a mis à genoux l'entreprise et étranglé bon nombre de secteurs dépendant du trafic ferroviaire, comme l'industrie touristique. Au prix de longs mois de grève, la loi a été votée, mais elle transfère aux citoyens le coût de la dette de l'entreprise, ne règle aucunement le régime spécial de retraite des cheminots, risque d'accélérer la fermeture des petites lignes ferroviaires, et enfin ne change le statut des cheminots que pour l'avenir, en mettant en place un paquet social qui essaimera dans toutes les entreprises concurrentes. Symbole chèrement payé.

À côté de cela, entre deux habilitations d'ordonnances, le Parlement a débattu de sujets symboliques, certes, mais en marge de l'action gouvernementale. Il a été convié à de nombreuses reprises à se lamenter sur l'esclavage en Lybie, se mobiliser sur des sujets sociétaux comme l'égalité homme-femme ou se déchirer sur la place du drapeau européen dans l'hémicycle.

Faute de pouvoir agir sur le concret – le pouvoir d'achat, la protection des Français par rapport au terrorisme, la mort des centres-villes, la dégradation de la qualité de soins – le gouvernement a en réalité largement gouverné par les symboles, ce que d'autres pourraient appeler la communication. Alors qu'en octobre 2016 le candidat Macron appelait de ses vœux à une « fonction présidentielle [qui] exige le consensus construit dans la clarté plutôt que le compromis entre chien et loup[12] », il est progressivement devenu difficile de comprendre où il allait et quel était son projet pour la France, ce qui a fini par lui sauter au visage en novembre 2018 avec la crise des Gilets jaunes. Cette France des ronds-points et de la périphérie a fini par comprendre, mais nous y reviendrons, que le projet d'Emmanuel Macron n'était pas configuré pour répondre à ses besoins.

Plus gênant, la communication prend souvent le pas sur la sincérité. Emmanuel Macron n'hésite pas à invoquer tout et son contraire, comme si le Verbe s'était emballé pour couvrir les contradictions du monde, ou comme s'il tentait de masquer son véritable chemin idéologique, bien différent de ce que ses actes indiquent.

Emmanuel Macron est en effet l'homme qui peut affirmer à Versailles : « Le peuple nous a donné le mandat de lui rendre sa pleine souveraineté », alors qu'à Athènes, lors de son discours sur l'Europe, il a prophétisé la fin de cette même souveraineté nationale[13].

---

12. *Challenges*, octobre 2016.
13. Cf. troisième partie, « l'Europe et la Nation ».

Il est l'homme qui peut s'écrier : « À chaque fois que nous avons fermé une classe, que nous avons décidé qu'on pouvait se passer d'un professeur, le français a reculé[14] », puis de planifier la fermeture de 200 à 300[15] – d'après le gouvernement –, voire plus de 600[16] – d'après les observateurs extérieurs – classes en milieu rural. Il rusera ensuite en promettant de ne fermer aucune école en milieu rural, mais en continuant de fermer des classes !

Il est l'homme qui peut ressusciter des mots comme « séminal » ou « croquignolesque », puis expliquer que « la démocratie est le système le plus bottom-up de la terre » lors de son discours sur l'intelligence artificielle... provoquant une réaction outrée de Bernard Pivot : « Cette phrase dévalue la démocratie d'expression française[17] ».

Il est celui qui dans Révolution écrit : « Je n'ai jamais plaidé pour la suppression de l'ÉNA. Ce qui pèche dans notre système, c'est bien plutôt la carrière des hauts-fonctionnaires, trop protégés alors que le reste du monde vit dans le changement ». Et qui, en avril 2019, laissera fuiter dans la presse le fait qu'il envisage la suppression de cette école.

---

14. Discours à l'Institut de France pour la stratégie sur la langue française, 20 mars 2018.
15. *Le Monde*, 5 mars 2018 : « Le Ministre de l'éducation annonce la fermeture de 200 à 300 classes en milieu rural. »
16. « Fermeture de classes en milieu rural : la guerre des chiffres », 15 mars 2018.
17. « Perlimpinpin, "Bottom-up" et Jupiter... Le langage d'Emmanuel Macron décrypté », *rtl.fr*, 5 mai 2018.

Pour Arnaud Benedetti, professeur à la Sorbonne et spécialiste de communication, le verbe macronien est justement taillé pour échapper à toute caractérisation idéologique :

> Il porte en lui une volonté d'ubiquité qui est à la source de son projet […] il s'ingénie à être partout, c'est-à-dire nulle part. Ce dispositif a une visée : embrasser très large le champ des possibles politiques pour déminer, rendre caduques toutes les oppositions, ou tout au moins les « corneriser », les réduire à l'ombre, non pas d'une alternative, mais de leur seule fonction exclusivement critique, sans autre crédibilité que celle d'exprimer une parole réduite à ses excès.[18]

Emmanuel Macron gouverne donc avec le verbe, reléguant en arrière-plan le cap, la vision, l'objectif. Le macronisme comme idéologie n'existe – officiellement – pas. Le fameux « en même temps » – expression qui débute avec les mêmes initiales que son fondateur et son parti politique – en fait office. Macron explicite ainsi sa doxa : « Je continuerai de dire "en même temps" dans mes phrases et dans ma pensée, car ça signifie que l'on prend en compte des principes qui paraissaient opposés.[19] ». Macron est un funambule, qui aime brouiller les pistes. Jupiter serait-il en réalité Janus, ce Dieu aux deux visages ?

---

18. Arnaud Benedetti, *lefigaro.fr*, « Qu'y a t-il derrière la rhétorique nationalistes/progressistes d'Emmanuel Macron », 11 juillet 2018.
19. Meeting du 17 avril 2017, Paris-Bercy.

Chapitre II

Hémisphère droit : l'Économicisme

L'émancipation individuelle

Lorsque l'on écoute Emmanuel Macron, on est souvent agréablement frappé par des considérations hautement philosophiques, qui montrent la hauteur de vue d'un président philosophe. À l'oral, par exemple, Emmanuel Macron n'hésite pas à revendiquer une voie centrée sur un humanisme, comme quand au collège des Bernardins, face au représentants catholiques, il explique : « L'urgence de notre politique contemporaine, c'est de retrouver son enracinement dans la question de l'homme ou, pour parler avec Mounier[1], de la personne. »

---

[1]. Emmanuel MOUNIER, fondateur de la Revue *Esprit*, a imaginé ce courant d'idées spiritualiste à rebours des deux grandes idéologies de l'entre-deux-guerres, le marxisme et le capitalisme libéral. Pour les personnalistes, une mesure n'est bonne que si elle contribue à l'épanouissement de l'Homme.

Ce spiritualisme n'est pas étonnant. Emmanuel Macron a souvent été présenté comme un disciple du philosophe Paul Ricœur. Pour Francis Dosse, biographe du philosophe, interviewé par *l'Humanité*[2], cette relation n'est pas usurpée. Macron emprunterait à Ricœur une de ses thématiques majeures, celle de « l'Homme capable, de l'articulation entre le dire et le faire [...] une conception optimiste qui refuse de se laisser enfermer dans le déclinisme, le repli sur soi, le décadentisme ». Emmanuel Macron affirme croire en l'Homme et en sa capacité à agir, à s'élever et à combattre la tentation du retour en arrière. Dans son discours public, le repli sur soi mène à la fermeture et au nationalisme. A l'oral, on est cependant enclin à se demander si Emmanuel Macron met une majuscule à l'Homme lorsqu'il parle de « l'homme capable » – c'est à dire, comme Paul Ricœur, qu'il vise l'humanité – ou une minuscule, c'est à dire qu'il parle plutôt d'un seul homme en particulier, à savoir lui-même.

Ainsi, dans son discours au Congrès de 2018, Emmanuel Macron explique :

> Le réel modèle social de notre pays doit choisir de s'attaquer aux racines profondes des inégalités de destin, celles qui sont décidées avant même notre naissance, qui favorisent insidieusement les uns et défavorisent inexorablement les

---

2. *L'Humanité*, « Que reste-t-il de Paul Ricœur chez Emmanuel Macron ? », 1er décembre 2017.

autres sans que cela se voie, sans que cela s'avoue. Le modèle français que je veux défendre exige que ce ne soient plus la naissance, la chance ou les réseaux qui commandent la situation sociale, mais les talents, l'effort, le mérite [...] Le pilier premier de la politique sociale à laquelle je crois est une politique de l'émancipation de chacun qui libère du déterminisme social, qui s'affranchit des statuts.

Un peu plus tôt, dans son discours « La France, une chance pour chacun », Macron avait précisé sa vision de l'émancipation : « Que chacun puisse choisir sa vie, c'est le cœur de la politique d'émancipation par l'école et par la réussite économique. » Et pendant la campagne, par exemple à Bobigny, en novembre 2016, Emmanuel Macron avait résumé sa pensée ainsi : « Parce que la France a toujours été un pays moteur de progrès [...] C'est un pays dans lequel, en partant de rien, le talent, l'effort doivent pouvoir mener à tout. »

L'émancipation individuelle par la réussite économique est une constante chez le Président de la République. Comme le relève Jean-Louis Schlegel, directeur du comité de rédaction de la revue *Esprit*, pour Macron, cette émancipation individuelle est néanmoins surtout matérielle. Il y a ici une déformation de la pensée ricœurienne où le thème de « l'homme capable » renvoie à une forme de spiritualisme plutôt qu'à la capacité de chacun de s'en sortir, de s'élever au-dessus de ses origines ou de sa condition. Macron le réduit à la capacité à gagner sa vie en s'éduquant et en travaillant. Plus que de mettre en avant « le travail », Emmanuel Macron préfère d'ailleurs souvent le mot de « talent », un mot qui s'applique très bien à son propre parcours. Le mot revient assez souvent, soit qu'il s'agisse de bâtir la *start-up nation*[3], soit qu'il s'agisse de parler des banlieues. Il arrive même que le talent se substitue au travail, comme le 10 juillet 2018, face aux parlementaires réunis en Congrès, lorsqu'il explique : « Le modèle français que je veux défendre exige que ce ne soient plus la naissance, la chance ou les réseaux qui commandent la situation sociale, mais les talents, l'effort, le mérite. » Dans sa bouche, le talent, juxtaposé à l'effort et au mérite, semble être synonyme de labeur ou de travail. Et pourtant, ce n'est pas le cas : le talent est inné, alors que chacun peut se mettre au travail.

La preuve en est que le 1er mai 2017, dans un discours Porte de la Villette, alors qu'il cherche à introduire une anecdote sur Paul Ricœur, lequel répond à Daniel Cohn-Bendit que son autorité venait des livres qu'il avait lu, Emmanuel Macron livre une conception du talent assez étroite : « Il y a des talents et des sans talent, je suis dans ce cas sur nombre d'arts. Il y a des sachants comme des non-sachants. Et il y a une autorité qu'il faut reconstruire dans une société démocratique, celle de ceux qui

---

3. Discours du 9 octobre 2018 :
www.usine-digitale.fr/editorial/a-station-f-emmanuel-macron-edicte-ses-4-grandes-convictions-pour-faire-de-la-france-une-start-up-nation.N753194

savent. » Le talent, chez Macron, fonde un certain élitisme démocratique.

Plutôt que de présenter Emmanuel Macron comme le politique qui met en œuvre la cohérence philosophie de Ricoeur, il faudrait plutôt parler d'une réorchestration de différents thèmes philosophiques au service d'une vision de la société. Ricoeur n'est pas la seule victime de ce chamboule-tout. Dans son discours au Congrès à Versailles, Macron fait mine de considérer que « la part maudite » désignée par le philosophe de la transgression, Georges Bataille, désigne les exclus de la société et de la République, ainsi que les concurrences mémorielles qui opposent et divisent les Français, alors qu'il s'agit dans son ouvrage du même nom de désigner l'excès d'énergie, la dilapidation et la guerre[4]. Il réutilise également les « passions tristes » de Spinoza pour désigner tantôt le repli nationaliste (cf. discours au Congrès), tantôt « le ressentiment, la jalousie » (*Journal du Dimanche*, 12 février 2017), alors que le philosophe désigne par-là l'impossibilité d'agir, qui provoque de la tristesse chez l'homme. Loin d'être un grand philosophe, Emmanuel Macron vole les mots pour les transformer et leur donner un nouveau sens.

À travers ces emprunts, Macron peint un nouveau manichéisme : d'un côté, l'individu qui s'émancipe en réussissant, en s'extirpant de sa condition d'origine, en

---

4. Herdé, « Pour en finir avec Macron philosophe », *Atlantico*.

s'enrichissant – on reconnaîtra sans peine son propre parcours – et de l'autre, ceux qui s'y opposent, les gens tristes, fermés, qui ne comprennent pas le monde ou qui paralysent le mouvement « re-créateur ».

En témoignent plusieurs sorties verbales de celui qui n'était pas encore président de la République, et qui sont très marquées par un matérialisme assez éloigné du spiritualisme de Ricœur. Lorsqu'un ouvrier portant un tee-shirt revendicatif l'interpelle à Lunel, Macron lui répond : « Vous n'allez pas me faire peur avec votre tee-shirt : la meilleure façon de se payer un costard, c'est de travailler. » Pour les sans-grades, qui n'ont pas de talent, il leur reste le travail, mais on ne sent pas poindre une grande empathie.

Dans la prophétie macronienne, il y a donc une part de prédestination, à la manière des jansénistes de Port-Royal : on a du talent, ou pas. Affleure derrière l'idée que l'humanité se divise finalement en deux : ceux qui comme lui parviennent à s'arracher à leur condition d'origine – dans le cas d'Emmanuel Macron, la bourgeoisie provinciale – pour réussir – le concours de l'ÉNA, la banque, la politique – et qui se reconnaissent dans cet aphorisme de janvier 2015 : « Il faut des jeunes Français qui aient envie de devenir milliardaires ». De l'autre, des ratés, des fainéants ou des parasites – des « Gaulois réfractaires », des non-sachants, des sans-talents. Le terme de fainéants avait d'ailleurs été utilisé au moment du débat sur les ordonnances travail et Macron avait insisté les fainéants, « ce même temps, ce sont des tas d'opportunités à prendre. C'est un défi pour nous, car il faudra s'organiser différemment pour accompagner les changements, il faudra plus d'agilité, il faudra former bien davantage.

Reste que ramené à l'existence d'un Français qui perd son travail de caissier ou de pompiste parce qu'on a mis en place des caisses automatiques ou des pompes à essence en self-service, cela revient à lui expliquer que son chômage sera bref parce que de nouvelles opportunités, à cent kilomètres de là, se font jour : il lui suffit d'avoir « plus d'agilité », de créer une « *start-up* » de crypto-monnaie ou bien de se reconvertir dans l'éolien. La vie, malheureusement, ne se tord pas pour rentrer dans les belles cases théoriques des économistes. La relation qu'entretient Emmanuel Macron au temps est particulière, de l'ordre de l'immédiateté et de la vitesse, des valeurs évidemment contradictoires avec le temps long, l'enracinement, le changement progressif.

Pour Macron, l'individu est un entrepreneur en puissance, et l'essentiel n'est pas de participer à la chose publique mais de gagner de l'argent, *ultima ratio* de la performance. Comme le rappelle l'économiste David Cayla, au moment de soutenir l'équipe de France, Emmanuel Macron n'hésitait pas à affirmer qu'une « Coupe du monde est réussie quand elle est gagnée[5] », ce qui nous amène assez loin de la philosophie de Pierre de Coubertin « L'important dans ces

---

5. Entretien sur *lefigaro.fr*, 2 août 2018.

olympiades, c'est moins d'y gagner que d'y prendre part. » Ceux qui performent gagnent de l'argent et méritent la considération. Cet ensemble de « gagnants » forme ensuite la « Start-up Nation ». À la Halle Freyssinet, il provoquera une nouvelle polémique en expliquant : « Dans une gare, vous croisez des gens qui réussissent et d'autres qui ne sont rien ».

Le progressisme d'Emmanuel Macron n'est donc pas un progrès collectif, mais individuel, teinté d'une vision largement économiste de la société, qui le conduit d'ailleurs parfois à déraper en analysant tout au tamis de la performance. Il en découle une conception de la société et de la vie humaine dans laquelle la loi d'airain de l'économie détermine l'entièreté du champ social, politique inclus. Le progressisme macronien est un économisme[6], pour ne pas dire un *économicisme* pour reprendre un néologisme utilisé par certains auteurs comme Josette Combes ou Christian Comeliau. Deux exemples illustrent ceci.

Sur le plan politique, le Parlement est vu comme une entreprise de production de normes où l'utilité doit régner en maître. Le droit d'amendement est perçu comme un intolérable frein à un passage rapide des lois, et d'ailleurs lorsqu'il le peut, Macron préfère sauter la phase « débat parlementaire » en imposant une procédure d'urgence (une

---

6. L'économisme est une doctrine visant à considérer l'économie comme centrale dans le fonctionnement sociétal.

seule lecture) ou en procédant par ordonnances (prises par le gouvernement, après habilitation du Parlement). La réduction du nombre de parlementaires est assimilable à un plan de contraction des effectifs, imposé par un *lean management* agressif. Là encore, la relation au temps est chez Macron très particulière : ce qui va bien, va vite.

Sur le plan social, sa sortie sur « le pognon de dingue » consacré aux minimas sociaux, avec des gens qui finalement ne s'en sortent pas malgré les aides financières, est en soi révélatrice. D'abord, parce que la vidéo diffusée sur les réseaux sociaux n'était pas volée mais assumée par le Palais, ce qui traduit à la fois la conviction que ces propos sont justes et ensuite qu'ils seront compris des Français. Ensuite, parce que ces propos reflètent deux erreurs de réflexion.

La première est de sous-entendre que les abus et gabegies qui frappent quelquefois l'État-Providence à la Française, justifient de l'organiser différemment dans sa globalité. Le même raisonnement pousse une collectivité locale à rendre obligatoire la pointeuse parce que trois agents trichaient sur leurs horaires ; l'État à imposer uniformément le 80 km/h sur les routes secondaires parce qu'il y a des chauffards ; le Parlement à obliger les élus à déclarer le moindre sou de leur patrimoine parce que Jérôme Cahuzac avait un compte en Suisse. Au lieu de traquer et punir les fraudeurs, on augmente le niveau de complexité pour l'ensemble, gens honnêtes inclus. Et pourtant réfléchissons deux minutes : un agent indélicat peut-il contourner une pointeuse, par exemple en déléguant sa carte à un bon copain ? Un chauffard va-t-il rouler à 120 km/h au lieu de 130 km/h sur une route nationale parce que le maximum est passé de 90 à 80 ? Un député qui a un compte en Suisse va-t-il le déclarer spontanément à la Haute-Autorité chargée du contrôle ? Non, non et non. Par conséquent, la fraude est un phénomène distinct qui doit être combattu avec des moyens propres : on ne peut pas penser un système social par le biais de celui qui va le flouer, car le tricheur aura toujours beaucoup plus de temps et d'énergie pour se réadapter aux nouvelles règles que n'importe quel concepteur de normes.

La seconde erreur réside dans la conception de la société macronienne. Pourquoi le président de la République croit-il que la solidarité nationale implique de verser un « minima social » ? Est-ce pour permettre de rebondir et de retrouver une activité lucrative, comme il semble le suggérer ? Ou bien parce qu'une civilisation avancée considère qu'on ne peut pas laisser mourir seul dans un coin un être humain ? Imagine-t-on que vous ayez un bon ami qui n'arrive pas à boucler ses fins de mois et qui chaque mois, recevrait de votre part une aide complémentaire de 150 euros : au bout d'un an, votre ami « ne s'en est pas sorti », est toujours en difficulté, et 1 800 euros ont été dépensés « en pure perte ». Est-ce en réduisant votre aide de 150 à 75 euros qu'on favorisera le retour vers une activité ? Le calcul économique appliqué à l'extrême aboutit à des solutions absurdes, et pour ne pas dire inhumaines. Autant assumer la vérité : vous préférez limiter votre aide parce que cela vous arrange, quitte à ce qu'il coule définitivement, mais de grâce, n'habillez pas ceci d'un petit laïus sur la « performance » !

In fine, cette conception somme toute assez brutale du progrès l'éloigne d'un électorat de Gauche qui considère que le progrès est indissociable d'une protection sociale, et même de la sécurité sociale, du droit de grève et des congés payés. Lorsque Marlène Schiappa, en appui d'Emmanuel Macron et de ses propos sur les minimas sociaux, tentera de citer Karl Marx : « L'émancipation des travailleurs sera l'œuvre des travailleurs eux-mêmes », elle sera corrigée sur Twitter par son propre père, Jean-Marc Schiappa, trotskyste convaincu, qui en quelques lignes synthétisera le fossé sur l'émancipation : « Quand la Première Internationale écrit, sur proposition de Karl Marx, ceci, elle explique 1. Qu'il s'agit d'une œuvre collective ("les travailleurs") et non individuelle ("chaque travailleur devant se débrouiller tout seul") 2. Que le but est une émancipation collective (et non une réussite personnelle – laquelle, au demeurant ?), celle des travailleurs, du prolétariat […] ce n'est en rien une défense de l'individualisme petit-bourgeois ("allez, monte ta start-up, toi aussi")[7]. » À cela, Emmanuel Macron oppose deux pare-feu : le libéralisme « de Gauche » et le progressisme sociétal.

---

[7]. RTL, « Marlène Schiappa se fait recadrer par son père pour sa citation de Marx », 15 juin 2018.

Un libéralisme « de Gauche » ?

Le mot « libéralisme » a été revendiqué très tôt par Emmanuel Macron, dans un pays qui utilise à tort et à travers ce terme pour désigner des choses très éloignées dans leur conception. Historiquement, le libéralisme est d'abord *politique* : il revendique la liberté individuelle face à un absolutisme royal alors décrié, ce qui conduit à accorder à l'individu des droits fondamentaux. Pour Benjamin Constant (1767-1830), le libéralisme consiste à définir la liberté dans une société moderne, notamment en mettant des limites au pouvoir étatique voire même à la souveraineté, qui est analysée comme collective et qui doit s'arrêter là où débute l'existence individuelle. L'État reste cependant vu comme le garant de ces libertés – et constitue ce qu'on appelle aujourd'hui l'État de droit.

En économie, le libéralisme s'est développé parallèlement en défendant l'initiative privée, la libre-concurrence, l'économie de marché et *in fine* le capitalisme. Il s'appuie sur une idée générale : l'intérêt personnel est un puissant mobile pour le travail, et donc l'enrichissement de chacun. Avec la disparition de la Droite légitimiste, hostile au libéralisme politique et encline à favoriser un capitalisme terrien basé sur la rente, et la montée en puissance de la Droite orléaniste et bonapartiste, toutes les deux plus ouvertes sur la promotion sociale et la libre-entreprise, le libéralisme économique a souvent été classé à droite de l'échiquier. Il était en tous les cas combattu par tous ceux qui, sensibles à la notion d'égalité, voyait dans cet enrichissement sélectif un moyen de perpétuer une forme de domination ou de discrimination.

La cohérence libérale a longtemps été très forte : l'individu doit avoir la maîtrise de ses libertés politiques et de sa libre-initiative économique, face à un Etat toujours enclin à mordre sur l'une ou sur l'autre. Cette cohérence a cependant vacillé au tournant des années quatre-vingt-dix, sans que le champ politique n'y prête immédiatement attention. En effet, avec la disparition du communisme, le système capitaliste a changé de nature en se financiarisant et en échappant aux États. Le libéralisme économique a progressivement accouché d'une génération de libéraux et défenseurs de la mondialisation qui tiennent pour acquis que la très grande intégration économique et commerciale née depuis les années quatre-vingt-dix est éternelle et surtout qu'elle est irrémédiable. Dans ce système qui crée en moyenne de la richesse, mais qui crée forcément de très grands gagnants (les détenteurs du capital, les classes éduquées et moyennes des pays en voie de développement) et beaucoup de perdants (les classes moyennes des pays industrialisés[8]), il ne peut pas y avoir d'arbitre régulateur : l'État-Nation est vu comme trop petit, dépassé. Emmanuel

---

8. Les économistes Christoph LAKNER et Branko MILANOVIC ont démontré, avec leur « courbe éléphant » que la seule catégorie de la population mondiale qui a vu ses revenus baisser depuis 30 ans est celle qui se situe entre les 25 % et 15 % les plus riches.

Macron ne dit rien d'autre lorsqu'il considère que l'Etat n'a plus la capacité de protéger les Français des changements.

Lorsque Emmanuel Macron parle d'émancipation individuelle, de réussite économique, de mobilité et d'ouverture, en les habillant d'oripeaux philosophiques, il ne fait que reconnaître son adhésion au nouveau libéralisme économique né de la mondialisation, ce qu'on appelle le néo-libéralisme. La bonne marche du système implique de ne pas retourner en arrière, ce qui est présenté comme une régression sociale, puisque dans le monde le niveau de vie moyen s'accroît. Ainsi, le nombre de personnes vivant sous le seuil d'extrême pauvreté (1,90 dollar par jour et par personne) dans le monde a diminué d'un peu plus d'un milliard en trente ans, passant d'1,9 milliard en 1981 à 800 millions en 2013, selon la Banque mondiale[9]. Ce libéralisme-là érige l'argent comme *lingua franca* mondiale et refuse de considérer les écarts de richesse comme des problèmes permanents. Il se voit pragmatique, car il ne sert à rien de lutter contre les forces à l'œuvre, qui sont puissantes. La capitalisation boursière mondiale est passée de 9 380 milliards de dollars (1990) à 92 412 milliards (2017), à comparer aux 2 583 milliards de PIB national (2017). Parmi les géants du nouveau monde, on trouve les fameux GAFAM (Google, Apple, Facebook, Amazon, Microsoft)

---

9. www.inegalites.fr/La-grande-pauvrete-baisse-dans-le-monde-mais-de-fortes-inegalites-persistent#nb1/

qui pèsent plus que le PIB de l'Allemagne[10]. Comment ne pas y voir un univers où la France n'a plus les moyens de jouer à la grande table de poker mondial, puisque s'ouvre le siècle sino-américain, celui des mastodontes géopolitiques et de leurs multinationales de la nouvelle économie ?

Voilà ce qui conduit un Emmanuel Macron à se fourvoyer totalement dans la pharmacopée qu'il administre au pays, alors qu'il n'ignore rien des effets sur la Nation de la mondialisation. En octobre 2016, son interview sonnée à *Challenges* débute même par ce constat : « Il est indispensable de trouver les chemins de la réconciliation des deux France : celle qui vit la mondialisation et les grandes transformations à l'œuvre comme une chance et celle qui en a peur ; la France des nomades heureux et la France des sédentaires qui subissent. » Simplement, son idéologie le conduit sans cesse à diaboliser en « nationalistes » ceux qui sont plus enclins à écouter la partie souffrante du pays et il fait le pari qu'en libérant les « gagnants », ces derniers vont tirer vers le haut le pays tout entier, sur le long-terme. Malheureusement, sur le court-terme, une autre musique est jouée. La décision d'imposer le 80 km/h sur les routes secondaires, la taxation du fioul, du diesel, la suppression de certains dispositifs d'aide à la pierre en territoire rural,

---

10. Capitalisation boursière : 781 milliards pour Microsoft, 749 pour Apple, 736 pour Amazon, 728 pour Google, et 376 pour Facebook. Dans les dix premières capitalisations, on trouve également leurs futurs concurrents chinois comme Alibaba ou Tencent, respectivement 375 et 355 milliards d'euros. Les chiffres sont actualisés au dernier trimestre 2018.
laboussole. coop/2019/03/25/illustration-du-poids-economique-des-gafam/

la fermeture de certains services publics ou dessertes ferroviaires : la liste est longue des attaques faites à « la France des territoires » et tout ceci n'a rien à voir avec le nationalisme. On pourrait y rajouter la hausse de la CSG non compensée pour les retraités. Sur le plan institutionnel, la décision de réduire le nombre de circonscriptions législatives, d'instaurer la proportionnelle, a pour conséquence immédiate de priver les territoires les moins peuplés, là où vivent les « sédentaires qui subissent », d'une représentation politique. On sait ce que ces coups de boutoir ont fini par provoquer à la fin de l'année 2018.

S'agit-il d'une volonté calculée d'Emmanuel Macron, de museler cyniquement la France qui a peur ? Ou alors d'une ignorance crasse d'une partie du pays qu'il est censé gouverner ? Comme Ruffin, je pencherais plutôt sur la seconde hypothèse, Emmanuel Macron étant aveuglé par son optimisme.

Celui qui a le mieux analysé cet état, ou qui en tous les cas lui a donné un nom, est un britannique, David Goodhart. Ce journaliste britannique, plutôt que de parler des « ouverts (sur la mondialisation) versus les fermés », des « nationalistes » vs « progressistes » (Macron) ou encore des « patriotes vs mondialistes » (Le Pen), formule une autre distinction dans un ouvrage intitulé *la Route pour quelque part : la révolte populiste et le futur de la politique*. Son analyse est celle-ci : il y a les gens qui voient le monde de n'importe-où (*Anywhere*) et ceux qui voient le monde de quelque-part (*Somewhere*). Dans le premier bloc, on trouve les électeurs les plus diplômés, mobiles géographiquement, progressistes socialement, qui ont une identité « acquise » et dans le second bloc, numériquement plus important, des électeurs attachés à leur communauté d'origine ou leurs valeurs traditionnelles mais qui acceptent plus ou moins de bon gré l'évolution de la société. Ceux-là ont une identité « imposée »[11]. La victoire de Donald Trump ou le vote sur le Brexit ont été des bons exemples de la « revanche des *nowhere* », conséquence d'un excès des « *anywhere* » qui ont favorisé un double libéralisme économique et sociétal en Grande Bretagne entre 1997 et 2010.

Ma conviction est qu'en germe se trouve la dislocation de la démocratie nationale, car les « *nowhere* » ne sont pas des « *nobody* ». Cette coupure entre les intérêts du peuple et de l'élite – une traduction brute et en français de l'analyse de Goodhart – a déjà eu lieu dans l'histoire, par exemple au moment de la Révolution Française. Pendant que la noblesse d'Europe circulait et échangeait de pays en pays, libérée des pesanteurs de l'enracinement féodal, les

---

11. J'irais même plus loin, sur la notion d'identité : le groupe des gens enracinés croit encore à une identité collective, car celle-ci est enracinée dans une histoire. Le libéralisme économique, qui encourage la toute-puissance de l'individu, dissout les groupes sociaux parce qu'ils lui sont inutiles économiquement. La recherche du profit détourne le citoyen d'objectifs de vie moins immédiatement rentables, comme la quête de sens, les humanités, la culture, au profit de l'activité immédiatement rentables. Les « *anywhere* », au contraire, cherchent à définir eux-mêmes leur identité individuelle, en revendiquant une réarrangeant divers paramètres (sexualité, mode alimentaire, goûts), quitte à s'affranchir des identités collectives (patrie, région, religion).

problèmes s'accumulaient sur le terrain. Au XVIIIe siècle, par exemple, culmine l'usage du « Grand Tour », long voyage européen d'éducation aristocratique effectué par les jeunes gens des plus hautes classes de la société, qui est un peu l'Erasmus d'alors. Comme l'explique Charlotta Wolf dans son étude sur le cosmopolitisme aristocratique des élites d'Europe du Nord au XVIIIe siècle[12] : « Culturellement, un gentilhomme danois, russe ou polonais, a plus en commun avec son homologue allemand ou français qu'avec le paysan dont il est le maître », la *lingua franca* étant le français. On sait ce qu'il en est advenu, alors même que ces *anywhere* du XVIIIe siècle représentaient moins d'1 % de la société de l'époque : une révolution, un écroulement des structures de l'Etat et de la société en 1789 et la destruction partielle de ces mêmes élites.

Banquier d'affaires, spécialiste des fusions et acquisitions, Emmanuel Macron est un très bon exemple d'*anywhere*. Il est un homme politique qui s'est épanoui professionnellement dans un écosystème marqué par la prédominance du capital. Il ne faut donc pas lui demander de le critiquer, d'autant que ses compétences l'ont conduit à profiter grandement de ce système.

En se réclamant progressiste mais en revendiquant ce « pragmatisme » économique, Macron a semblé « voler » à la Droite son programme. La situation est en réalité

---

12. *hal-univ-diderot.archives-ouvertes.fr/hal-01291317/document/*

beaucoup plus complexe : depuis les années quatre-vingt-dix, la Droite comme la Gauche s'étaient progressivement scindés en deux camps, correspondant à la grande divergence socio-économique née de la mondialisation. Pour simplifier, la question était de savoir – en sourdine – si l'État-Nation avait encore un avenir. En d'autres termes, si *in fine* la démocratie peut encore exercer un choix collectif souverain dans une économie mondialisée où les forces transversales sont de plus en plus puissantes, ou bien s'il ne faudrait pas « s'adapter » à la mondialisation, c'est-à-dire adopter ses grandes lois (non-taxation du capital, mobilité humaine et ouverture commerciale maximales, libre-concurrence). À Gauche, une grande partie des socialistes avait progressivement abandonné la défense de la Nation, rompant avec deux siècles de républicanisme, parce qu'elle avait embrassé d'autres causes incompatibles : l'Europe fédérale et la rhétorique de l'antiracisme et de l'antifascisme, bien utile pour se fédérer par rapport à l'Extrême-Droite, mais qui présente l'inconvénient de survaloriser les communautés et identités ethniques au détriment de la communauté nationale, tout en faisant du moindre patriote un électeur du Front national en puissance.

La Droite, n'ayant jamais été taraudée par la vulgate marxiste, restait par essence attachée aux libertés. La rupture fut donc plus tragique car le libéralisme économique avait jusque-là toujours été associée au libéralisme politique. Le fait que l'un des deux libéralismes puisse vivre indépendamment de l'autre (comme en Chine, pays qui s'est remarquablement adapté au capitalisme) ou même – abomination – que le libéralisme économique puisse se faire au détriment de son *alter ego* politique, n'allait pas de soi. Il n'en reste pas moins que la Droite la plus attachée aux sujets économiques a, au cours des dernières décennies, pris progressivement l'ascendant sur la Droite plus attachée aux sujets politiques et sociaux, et qu'elle a progressivement imposé comme programme incontournable la nécessaire adaptation du modèle économique Français à la mondialisation, au prix d'un rabotage de l'État. La Droite, aux primaires de 2016, en était arrivée à présenter un programme libéral-conservateur, c'est-à-dire tentant de garder soudés les deux libéralismes.

Pour ma part, je n'avais soutenu aucun candidat lors des primaires car ils étaient tous, à l'exception peut-être de Jean-Frédéric Poisson, néo-libéraux[13]. Je ne crois pas cependant que le conservatisme et le néo-libéralisme puissent survivre longtemps associés.

Antimarxiste par construction, mais souhaitant s'inscrire initialement dans un camp progressiste, Macron a été le premier à oser passer le Rubicon en reconnaissant que depuis plus de vingt ans la Gauche sensible aux thématiques économiques avait intériorisé les lois de la mondialisation, ce qui lui a permis de dire « le libéralisme est une

---

13. J'ai ensuite loyalement soutenu le candidat vainqueur des primaires, par respect de la règle démocratique plutôt que par pleine adhésion idéologique. Il me semblait manquer une fibre « sociale » dans le programme du candidat.

valeur de Gauche », et de dépasser l'antinomie fondamentale entre marxisme, idéologie dominante de la Gauche pendant trente ans, et libéralisme. Cette transgression a créé évidemment une confusion chez les libéraux de Droite. Le libéralisme « de Gauche » n'est donc que l'acceptation par l'Homme de Gauche du système libéral-mondialisé, trente ans après la fin du communisme (disqualification du marxisme) et constatant l'essoufflement de la social-démocratie. Il est parfaitement identique au libéralisme « de Droite », qui avec des mots et des références différentes, procède de la même intention d'évacuer le politique de l'Histoire. Si Macron était un prophète, il serait Moïse cette fois ci, revenu du Sinaï avec les lois d'airain et les Dix Commandements de la mondialisation.

La soi-disant « modernité » macronienne semble donc assez datée : Emmanuel Macron est un homme « de Gauche » appliquant les solutions libérales de la Droite des années quatre-vingt-dix, c'est à dire qu'il réforme le pays pour l'adapter à la mondialisation, sans voir qu'il est à contretemps du reste de la planète où le mouvement inverse se fait sentir, de Trump à Bolsonaro. Lorsque Hibernatus se fait prophète, il prédit un avenir messianique qui est déjà dépassé.

Une politique d'adaptation à la mondialisation

À partir du moment où le maître-mot est la réussite individuelle, basée sur l'esprit d'entrepreneuriat, la croyance fondamentale d'Emmanuel Macron est qu'il faut laisser se réveiller les énergies en permettant la stimulation et la compétition, avec une allocation optimale des moyens économiques. En cela, de gauche ou pas, Emmanuel Macron est un authentique néo-libéral, comme le démontre sa politique fiscale et sociale.

L'économie libérale mondialisée ne peut survivre qu'en laissant le capital – un doux mot pour l'argent – fructifier sans contraintes, c'est à dire sans taxe. Le « libéralisme macronien » et ses applications les plus concrètes, souvent d'ailleurs énoncées en langue anglaise, se résume en fait tout bêtement à l'allègement des taxes sur le capital : annonce dans le magazine américain *Forbes* de la suppression de « l'*exit tax* », dispositif lancé en 2011 pour dissuader les contribuables de pratiquer l'expatriation fiscale vers des pays où l'imposition est plus clémente ; mise en place de la *flat tax* forfaitaire pour les revenus du capital mobilier et les plus-values mobilières ; suppression du volet d'imposition de l'impôt sur la fortune immobilière (l'ancien ISF) de l'imposition des valeurs mobilières (épargnes, actions, obligations…). En cela, le libéralisme macronien n'est pas un ami de tous les contribuables fortunés, seulement de ceux qui investissent dans l'économie (et probablement dans la campagne électorale d'En Marche en 2017), par opposition aux rentiers ou propriétaires. En pénalisant la propriété, l'objectif est double : renforcer la domination de l'économie financière (et donc du système libéral mondialisé) et empêcher l'enracinement.

Il faut analyser son choix d'augmenter la CSG et ne pas la compenser pour les retraités, avec ce prisme, en gardant à l'esprit également l'héritage testamentaire de la commission Attali. Il s'agissait d'effectuer un transfert de richesses depuis les inactifs (l'argent qui dort) au profit des actifs. Cela correspondait à la fois à la pensée économique du Président de la République, mais aussi à sa pensée sociétale. Dans une interview donnée au journal des anciens élèves de Sciences Po, en 2010, Emmanuel Macron avait fustigé la génération 68 :

> (Notre génération) est très contrainte dans ses choix. Nous commençons notre vie active dans un environnement surcontraint, où la dette publique va largement déterminer et réduire l'horizon de nos possibles. Les générations plus âgées, qui ont largement contribué à cette situation, voudraient aujourd'hui nous dicter les grilles de lecture de nos vingt ou trente prochaines années. S'il reste une liberté à ma génération c'est, compte tenu des contraintes qu'on lui a laissées, au moins de penser et de dessiner son propre avenir, et de ne pas accepter qu'on le lui dicte[14].

En d'autres termes : « Euthanasier les rentiers. »

---

14. *Émile magazine*, « Emmanuel Macron : je ne suis pas un héritier », 31 mars 2010.

L'écosystème libéral mondialisé implique également de favoriser au maximum la mobilité du travail – c'est à dire des hommes – pour optimiser les processus économiques. Cela signifie permettre aux gens de se déplacer d'un bout à l'autre du globe sans être ralenti par des frontières, mais aussi à l'intérieur d'un même pays, d'une même branche économique, d'une même ville. Tout ce qui ralentit est également ce qui enracine (la frontière, la langue, la propriété privée, l'entourage, la famille, les amis, bref tout ce qui vous fait hésiter). C'est ainsi qu'il faut comprendre certaines phrases polémiques, comme par exemple en Corrèze lorsqu'il affirmait : « Certains, au lieu de foutre le bordel, feraient mieux d'aller regarder s'ils ne peuvent pas avoir des postes là-bas, parce qu'il y en a qui ont les qualifications pour le faire et ce n'est pas loin de chez eux. » Dans le modèle macronien, le travail est mobile et sait s'adapter aux opportunités. On pense aussi à sa célèbre phrase sur la traversée de la rue pour chercher un emploi.

Il faut interpréter sa minoration du thème de l'immigration avec la même grille d'analyse, empruntée au patronat libéral-mondialisateur français : « Contrairement à ce que certains disent, nous ne sommes pas confrontés à une vague d'immigration [...] l'immigration se révèle une chance d'un point de vue économique, culturel, social ». En parlant de « chance », Macron ne fait que plagier Jacques Attali ou Laurence Parisot. Mais ce n'est qu'un peu plus tard qu'il démontre le raisonnement *économique* de sa pensée politique sur l'immigration en ajoutant :

« Dans toutes les théories de la croissance, elle fait partie des déterminants positifs. » Soit dit en passant, lorsqu'il passe par l'économie, Macron révèle encore mieux la synthèse qu'il fait entre Droite et Gauche. Dans les théories dites néo-libérales, l'augmentation démographique est vue comme un facteur déterminant de la croissance, et notamment dans le modèle de Robert Solow qui a servi de base à l'économie classique. Généralement, les économistes « de Gauche » sont plus circonspects. Robert Lucas par exemple insiste sur l'éducation, le capital humain, bref des aspects qualitatifs qui permettent de créer de la valeur ajoutée (modèle de la croissance endogène). Macron résout d'un coup de cuiller à pot ce grand écart en ajoutant après sa phrase sur les déterminants positifs de la croissance un *mais* qui illustre le « en même temps » macronien : «... Mais à condition de savoir la (l'immigration) prendre en charge. Quand on sait les intégrer, les former, les femmes et les hommes renouvellent notre société, lui donnent une impulsion nouvelle, des élans d'inventivité, d'innovation. » Voilà une belle synthèse entre économistes libéraux (néo-classiques) et économistes de gauche (néo-keynésiens), même si Emmanuel Macron se garde bien de nous donner la recette miracle qui va sauver une intégration en échec depuis plus de trente ans.

Au plan politique, en parlant d'intégrer et former les migrants, Macron adoucit sa potion néo-libérale et s'affirme à peu de frais progressiste (ou en tous cas, compréhensif par rapport au sujet des migrants) tout en rendant cohérente son approche économique : il ne s'agit pas de mots prononcés au hasard. Si Emmanuel Macron s'était contenté d'affirmer son amour pour le capital, son libéralisme de Gauche n'aurait pas été crédible. Sa finesse a été de voir la faille logique qui fracturait la Gauche à propos de la mondialisation et d'inclure à sa réflexion la mobilité du travail. En abordant la question de la mobilité du travail sous l'angle de l'immigration, Macron, après avoir piégé une partie de la Droite, rallie une partie de la Gauche, plutôt radicale, qui depuis des années prône naïvement une France universelle capable d'accueillir « toute la misère du monde ». Les macroniens comme la gauche alternative se rejoignent sur un point : l'identité nationale est un problème, soit qu'elle soit vécue comme un frein à l'intégration, soit qu'elle soit analysée comme un égoïsme qui empêche la fraternité humaine.

Gardons cependant en tête ce qui est essentiel. Le macronisme se fonde de manière prioritaire *sur l'économie* pour voir la société : pour lui, l'immigration n'est pas un sujet social, politique ou identitaire, elle ne le devient qu'à partir du moment où il le faut pour en faire un atout économique. Cette caractéristique est capitale pour comprendre comment – sous couvert de libéralisme de Gauche – Macron unifie tous ceux qui, au travers de l'échiquier politique, pensent que le seul avenir de ce pays est de s'adapter à la mondialisation et surtout d'en adopter « les codes ». Tant pis pour l'économie réelle, productive, qui est reléguée au second plan de la réflexion.

Certains refusent au Président actuel le qualificatif de libéral, au motif qu'il est volontiers jacobin et étatiste, notamment lorsqu'il a annoncé, en décembre 2018, un plan de dépenses budgétaires de 10 milliards d'euros pour répondre à la crise des Gilets jaunes. Ma conviction est qu'Emmanuel Macron a agi sous la pression, mais que ce n'est pas son inclination profonde.

On remarque très bien, lorsqu'il parle du sujet sensible de la Sécurité sociale, qu'Emmanuel Macron analyse surtout et encore depuis un prisme économique.

> L'héritage du Conseil national de la Résistance est admirable, mais il est conçu pour une économie de rattrapage dans un capitalisme industriel fait de cycles longs où l'on passe sa vie dans un même secteur, dans une même entreprise […] La rigidité de notre système est devenu contreproductif dans les années quatre-vingt et quatre-vingt-dix […] Le système protège davantage les statuts que les mobilités individuelles. Demain, cela ne sera plus possible. L'approche monolithique d'un Etat cherchant à protéger ses citoyens du changement est devenue obsolète. La solution est que l'Etat protège […] les individus de manière transparente […] La société du choix. Une société où l'Etat garantit un socle, des protections individuelles et où les Français ont la possibilité de choisir leur vie, de s'émanciper.[15]

---

15. *Challenges*, octobre 2016.

Lorsqu'il était ministre de l'Économie, Emmanuel Macron avait clairement prouvé son orientation idéologique, pressé qu'il était de rétablir la logique de concurrence entre avocats ou notaires. Cela se comprend aisément au vu de ces prémisses : Emmanuel Macron déteste les positions de rente, les monopoles. Il vante la supériorité de la concurrence, de l'émulation, qu'il s'agisse des autocars, de la SNCF ou des professions réglementées. Cette croyance illimitée dans les bienfaits de la concurrence totale fait l'impasse malheureusement sur un certain nombre de questions politiques ou sociales, car tout n'est pas équation économique : un notaire n'est pas seulement un tampon, mais aussi un individu assermenté qui, par sa probité, permet à l'État de bien fonctionner en garantissant les actes ; un avocat n'est pas seulement un représentant juridique, mais aussi quelqu'un qui a un rôle essentiel dans l'administration de la Justice, notamment pour ceux qui n'ont pas les moyens de se défendre grâce à l'aide juridictionnelle. Le principal vice de la pensée libérale à la sauce macronienne est de soumettre les choix de société à la seule urgence économique, ce qui le conduit à tailler dans les branches mortes de l'Etat et à fermer des écoles ou des perceptions dans des territoires en déclin démographique. La conception Républicaine implique *a contrario* qu'on réfléchisse à l'aménagement du territoire, à la solidarité, et à ce qui constitue une société.

Parce qu'il a une vision essentiellement centrée sur l'individu, Macron ne peut pas être l'homme de liant et du lien.

En résumé, Emmanuel Macron est présenté comme pragmatique, mais ce pragmatisme est en fait le reflet d'une idéologie de fond libérale-mondialiste, qui se traduit par un économisme appliqué à tous les choix politiques. Cet économisme a bien compris, intégré et surtout accepté la domination des contraintes économiques nées de l'intégration mondialisatrice. Au nom de l'équilibre budgétaire, des fameuses « économies », le modèle français s'est lentement dissous dans la mondialisation : la notion de service public passe au second plan, qu'il s'agisse de fermer des lignes de TER « non rentables » (mais un service public par définition n'est pas nécessairement rentable!), ou encore de supprimer à France Télévision des émissions d'investigation. Au nom – toujours – des économies on favorise la raréfaction de l'offre de soins (nombre de médecins, d'hôpitaux publics…) afin de faire baisser les dépenses de santé, et c'est ainsi que la qualité de soin se dégrade, particulièrement dans les territoires et la périphérie. Au nom encore des économies, on asphyxie la marge de manœuvre financière des HLM ou des communes afin de faire disparaître les plus petites et de créer des grands ensembles.

Il ne s'agit pas de contester le fait qu'il faille équilibrer les comptes, mais de pointer la dérive consistant à en faire le seul et unique objectif de toute politique.

L'économisme, érigé en politique d'État, met au second plan la vision politique au nom de la *realpolitik* budgétaire, mais il n'en a pas moins des conséquences politiques :

la disparition du maillage territorial au profit des grandes concentrations ; la fin de la couverture des territoires ruraux ; l'évaporation du service public pour tous. L'économisme aime la mise en concurrence, ce qui conduit à la disparition des plus faibles.

L'économisme est darwinien alors que la République est sociale et solidaire.

Cette politique a-t-elle été validée, souhaitée et débattue par les Français ? Non. Le message subliminal du macronisme est que de toutes manières, une seule politique, celle de la soumission aux impératifs modernes, est possible.

Chapitre III :

Hémisphère gauche : le Progressisme

Le multiculturalisme

Il serait injuste de ne réduire Emmanuel Macron qu'à sa seule dimension économique, mais comment alors expliquer que le pur produit de la République, un provincial devenu haut-fonctionnaire par la magie des concours, puisse terminer en prophète d'une nouvelle alliance basée sur le culte de l'identité individuelle et de la réussite personnelle, la fusion d'un libéralisme mondialisé et d'un progressisme communautariste ?

Pour le comprendre, il faut revenir à ses premières interviews. Dans *Challenges*, en 2016, Macron était capable, par exemple, de professer une vision de l'identité et de la culture assez classique, citant les héros de l'Histoire de France : Jeanne d'Arc, Napoléon ou de Gaulle, Danton, Gambetta, Jean Zay, Mendès France, tout en introduisant l'idée qu'il fallait réconcilier les Français. Mais il en avait profité pour récuser au passage le terme d'une « identité statique » : « Je n'aurais pas employé le terme "d'identité heureuse" […] Une identité est en mouvement et se construit sans cesse ». Dans les maîtres-mots du macronisme, aux côtés du progrès et de l'ouverture, il y a toujours et encore le mouvement, la transformation, la métamorphose. Emmanuel Macron, qui vénère la mobilité et le changement, a un problème avec le terme d'identité.

François Dosse[1], spécialiste de Ricœur, explique qu'il y a bel et bien une continuité philosophique entre le philosophe et Macron, et place justement cette filiation sous l'angle de la conception de l'identité :

> Rappelons que Macron a aidé Ricœur à la finalisation de la Mémoire, l'Histoire, l'Oubli. Il en tire l'idée d'une identité nationale changeante, non éternelle, ancienne mais toujours en transformation selon les aléas de ce que Ricoeur appelle « l'identité narrative », toujours exposée à l'altérité, aux changements du temps.

Durant la campagne, on avait eu un avant-goût de la manière dont Macron pouvait s'inspirer de cet héritage ricœurien, lorsqu'il avait déclaré : « Il n'y a pas de culture française. Il y a une culture en France. Elle est diverse. »

---

1. *L'Humanité*, « Que reste-t-il de Paul Ricœur chez Emmanuel Macron ? », 1er décembre 2017

Il s'agissait sans doute à l'origine de transposer dans sa conception politique de la Nation sa politique économique somme toute favorable à l'apport migratoire.

Le macronisme se pense comme un anti-conservatisme et pose donc comme point de départ la déconstruction de toute identité collective unitaire et stable, en commençant par l'identité nationale. Cette fragmentation permet de valoriser la diversité des identités concurrentes, subjectives, revendiquées par chacun, et de faire le lien entre l'individu atomisé et l'universel.

Lorsqu'il avait été sévèrement attaqué par la Droite sur ses propos concernant la culture française, ce qui semblait être une ouverture au multiculturalisme et à la négation d'un héritage national, Macron avait précisé que : « Le fondement de la culture française, c'est une ouverture sans pareil. Notre culture est toujours parvenue à se dépasser elle-même, à voguer vers le neuf, l'imprévu, l'inconnu. » Toujours la magie du verbe qui permet d'utiliser un mot en le vidant de son sens. Qu'importe si c'est un raisonnement biaisé : si tout le monde avait pour identité le neuf, l'imprévu, alors il y aurait une somme de non-identités et plus personne ne s'y retrouverait. Le « pays heureux » de Macron existe d'ailleurs : il s'appelle le Canada, qui il y a plusieurs décennies a décidé que sa culture ne serait plus celle des fondateurs, mais l'ouverture à la diversité.

Le tour de passe-passe a cependant un intérêt : dans la religion macronienne, il n'y a finalement rien de bien intéressant entre l'individu-réussite et le monde-marché. En redéfinissant l'identité – la France, ça n'est plus un pays, une histoire ou un sentiment, c'est simplement une ouverture (le contenant), ce qui permet au passage de jeter un pont vers la sémantique économique de sa doxa libérale – Macron donne sa propre définition de l'universalisme français, en faisant sauter le mur de la Nation. Le « contenu » de l'identité s'adapte à son époque, ce qui permet d'ailleurs de faire une seconde boucle avec son approche strictement économique de l'immigration. Il poursuivait d'ailleurs dans son texte d'explication « Pourquoi nous sommes un peuple » : « Si les Français forment un peuple, ce n'est pas parce qu'ils partagent une identité figée rabougrie. » Ah bon ? Mais où est la *transmission* dans cette analyse ? On trouve là encore la thématique du manque d'oxygène. Il ne s'agit plus de conquérir le monde avec nos principes révolutionnaires et nos valeurs, de séduire avec notre identité, mais de devenir, nous la France, un métissage du monde. Ce métissage est le frère jumeau de la mondialisation néolibérale, comme le démontre Macron dans son discours de 2016 à Bobigny : « Du progrès pour chacun, parce que la France, c'est par-dessus tout un projet d'émancipation des individus, d'émancipation de la religion, des conditions d'origine. »

Les propos d'Emmanuel Macron sont ambigus car toujours à double sens. Ainsi, lorsqu'il écrit « le fondement de la culture française, c'est de prétendre à l'universel. Aller vers Hugo, Gide, Duras, Glissant ou Yourcenar, c'est l'inestimable opportunité donnée à chacun de vivre la vie des autres, de dépasser sa condition. C'est la raison pour laquelle la France est plus qu'une somme de communautés », Macron semble défendre une vision très classique et républicaine de l'universalisme français, celui d'une culture qui transcende et qui unit. Mais il n'est pas anodin qu'au milieu de géants comme Hugo, Gide, Duras, ou Yourcenar, qu'on pourrait tour à tour qualifier de rebelles et d'anticonformistes, ouverts en tous les cas sur les modifications de la société, Macron ait introduit Glissant. L'antillais, un peu moins connu que ses illustres voisins, est l'inventeur du « Tout-monde », une nouvelle manière de penser et de regarder le monde, une parole ouverte, qui coexiste avec la « créolisation », qu'il définit comme les identités culturelles inédites résultant de la confluence des différences : « Ma proposition est qu'aujourd'hui le monde entier s'archipelise et se créolise. » On est loin, très loin, de la République indivisible et de sa Nation éternelle. Emmanuel Macron, lorsqu'il parlera de la francophonie « plurielle » n'hésitera pas à parler de « langue archipel[2] ».

Ceci a amené Emmanuel Macron à prendre parfois des chemins de traverse pour défendre tout et son contraire dans la même réflexion. Lors de son discours des Bernardins,

---

2. Discours à l'Institut de France pour la stratégie sur la langue française, 21 mars 2018.

Macron contourne intelligemment le problème de l'identité culturelle chrétienne :

> Je sais que l'on a débattu comme du sexe des anges des racines chrétiennes de l'Europe. Et que cette dénomination a été écartée par les parlementaires européens. Mais après tout, l'évidence historique se passe parfois de tels symboles. Et surtout, ce ne sont pas les racines qui nous importent, car elles peuvent aussi bien être mortes. Ce qui importe, c'est la sève. Et je suis convaincu que la sève catholique doit contribuer encore et toujours à faire vivre notre nation.

Là encore, Macron poursuit sur le même thème : qu'importe le flacon, pourvu qu'on ait l'ivresse. Le passé n'a pas d'importance, seul compte l'avenir. Il est assez comique au passage, lui qui use et abuse des symboles, de ramener à une simple querelle sur le sexe des anges le fait de savoir si l'Europe a ou non un passé, en minorant son importance symbolique !

Comme François-Xavier Bellamy a ironisé, Emmanuel Macron n'est pas très calé en botanique car un arbre sans racines ne produira pas de sève.

Cette reconceptualisation rhétorique permet en tous les cas à Emmanuel Macron de résoudre le grand paradoxe d'être la France, celle d'être un peuple, avec sa langue, ses frontières, son territoire, et de vouloir parler au monde, parler pour le monde, partager ses valeurs avec le monde.

De la première découle la pensée d'une Droite conservatrice et gaulliste, patriotique, attachée à la Nation, de l'autre découle celle d'une pensée de Gauche universaliste et alternative. Il fait mine de schématiser et récuser les deux : la première s'est rétrécie à un identitarisme qui l'empêche de voir que « la France plurielle » laisse cohabiter plusieurs mémoires. La seconde s'est fourvoyée en opposant le social à l'économique, c'est-à-dire en refusant de prendre en compte la mondialisation[3]. Arc-bouté, non sans audace, sur deux conceptions qu'il ne peut endosser, Macron – lui qui se prétend au-dessus des vieux clivages – ose la thématique du dépassement pour réconcilier l'irréconciliable, l'enracinement et l'universel, l'identité et l'ouverture.

On aurait pu penser qu'il s'en inspire pour parler de la Nation en marche. Nullement : Emmanuel Macron prophétise un monde multiculturel et multi-identitaire.

Le progressisme « sociétal »

De la même manière que son libéralisme et son économisme ont été déguisés en fulgurances philosophiques sur l'émancipation de l'Homme, Emmanuel Macron a adopté le périmètre le plus large possible pour son progressisme,

---

[3]. *Challenges*, « Macron ne croit pas "au président normal", cela déstabilise les Français », 16 octobre 2016.

en s'appuyant sur la déconstruction identitaire et la célébration de la diversité, chemin vers l'universel.

La présence à son gouvernement de Marlène Schiappa, qui est un peu sa Christiane Taubira, lui a permis d'orienter son positionnement politique plus à Gauche, et surtout de recollectiviser une politique « de sens », ce qu'en communication politique on appelle « des marqueurs forts ». Ne pouvant pas s'inscrire dans un progressisme de gauche classique, qui se traduit par de grandes avancées sociales collectives (congés payés, temps de travail, etc.) dont Macron considère qu'elles freinent le réveil économique français, il s'est tourné, comme Lionel Jospin et François Hollande avec lui, vers le progrès sociétal.

Le libéralisme pur n'offre en effet aucun horizon collectif à l'homme, alors que ces idéologies de remplacement permettent, à défaut de parler à la Nation – qui pour Macron est un concept complexe à manipuler car il le juge dépassé – à des groupes d'hommes et de femmes unis par des identités communes. Ce curieux mélange d'une politique visant la réussite économique individuelle et de grandes causes sociétales, voire communautaristes, n'a été possible que parce qu'Emmanuel Macron s'est toujours bien gardé de définir le progrès. Dans *Penser le Changement*, Luc Ferry indique : « Déconnecté de toute visée de civilisation ou d'humanisme, le progrès n'a plus d'autre justification que son propre mouvement » – En Marche, oui, mais vers où ?

Pointons au passage qu'en véritable caméléon, Emmanuel Macron sait s'adapter quand il le faut à son auditoire. Ainsi, face aux autorités catholiques, Emmanuel Macron avait osé, au collège des Bernardins, égratigner la religion du progrès : « Nous ne pouvons plus, dans le monde tel qu'il va, nous satisfaire d'un progrès économique ou scientifique qui ne s'interroge pas sur son impact sur l'humanité et sur le monde [...] Nous avons besoin de donner un cap à notre action, et ce cap, c'est l'homme. » Voilà qui est surprenant de la part de quelqu'un qui prône à tout-va la réussite économique ou qui propose de légaliser la PMA-GPA, très beau progrès scientifique, sans se demander ce que cette invention dit de la place de l'Homme (ou plutôt de la femme) dans les sociétés modernes.

Son progressisme est donc un mot fourre-tout, bien pratique, qui lui permet de définir les canons du vrai et du beau, ultime *arbiter elegantiæ*. Lui qui récuse les identités statiques, ne se demande étrangement à aucun moment si le progrès d'aujourd'hui est le progrès de demain, si l'ouverture d'aujourd'hui ne sera pas une impasse en devenir.

Dans le domaine sociétal, Emmanuel Macron a jeté son dévolu sur le combat de la Femme, un sujet a priori plus consensuel que les droits homosexuels ou l'antiracisme. Les femmes ne sont en effet pas une communauté ou une catégorie sociale, mais les cinquante dernières années ayant été marquées par la « libération » de la femme de structures patriarcales ou rétrogrades, voilà qui permettait de faire un pont avec la fameuse émancipation individuelle tout en la transposant dans le domaine social. La décision de consacrer l'égalité hommes-femmes comme grande cause de son quinquennat, son choix de provoquer l'entrée de Simone Veil au Panthéon, ou encore, plus classiquement, celui d'établir un gouvernement strictement paritaire, procèdent du même choix politique. Un grand nombre d'initiatives ont relevé largement de la politique du symbole, symbole dont on a vu chez Emmanuel Macron qu'il était important pour redonner du sens.

Ainsi, à l'Assemblée nationale – où un seul groupe politique est dirigé par une femme – les deux vice-présidentes de l'assemblée ont été symboliquement invitées lors de la journée de la Femme à coprésider les deux séances de questions au gouvernement dans la semaine. Le gouvernement a annoncé un grand train de mesures destinées à montrer qu'enfin on avançait ardemment sur le sujet... et toute la société s'est plongée dans une course aux symboles comme aux Césars, où chacun s'est empressé d'arborer un ruban blanc au nom des violences faites aux femmes.

Le progressisme macronien n'a cependant pas clairement défini ses objectifs et le sens qu'il se donne à lui-même. Lorsque le télescopage a eu lieu avec le climat délétère né de l'affaire Weinstein, le pouvoir a semblé vouloir surfer sur la vague, sans visiblement comprendre que le maccarthysme que cette affaire a généré ressemble plus à un recul des libertés individuelles, et notamment de la liberté d'expression, qu'à un véritable progrès. En effet, le *hashtag* #balancetonporc, s'il a libéré la parole, a également conduit à inciter à la délation avec ou sans preuves et créé une pression psychologique très forte : ne pas participer au mouvement de manière bruyante et affirmée est susceptible de vous faire passer pour un « porc sous couverture ». Avec la loi Avia (2019), le phénomène s'est poursuivit et intensifié. Le progressisme macronien est peut-être libéral mais aussi liberticide !

Si le sujet de l'égalité homme-femme ne fait pas débat pour ma génération, la réflexion politique a lentement dérivé d'une volonté d'établir une égalité objective entre les hommes et les femmes, ce qui supposerait de s'attaquer au plafond de verre ou à la difficulté de concilier maternité et travail, à un climat de suspicion généralisée à l'égard de la gent masculine. Voilà comment un humoriste et présentateur de télévision en place depuis dix-huit ans à la satisfaction générale, a perdu son travail en quelques minutes pour une blague de mauvais goût. Le gouvernement, à travers certaines dispositions de sa proposition de loi sur les violences faites aux femmes, a participé de ce mouvement, en créant un délit d'outrage sexiste, particulièrement contesté car difficilement applicable. Cette nouvelle infraction vise en effet à sanctionner en flagrant délit des comportements et des propos sexistes comme des gestes déplacés, des commentaires sur le physique, des sifflements, le fait de suivre volontairement à distance une personne, des regards insistants, etc. Dans un pays qui a toujours revendiqué la galanterie et l'amour dans son ADN, cela n'est pas anodin, car la frontière entre drague lourde et abus est, il faut le reconnaître, parfois très subjective. Un ministre d'Édouard Philippe en a d'ailleurs subi les conséquences.

La féministe Caroline De Haas a incarné la figure de proue de cette lame de fond sociale, avec la bénédiction de Marlène Schiappa, égérie macronienne, qui a apporté son soutien à la campagne #balancetonporc, en déclarant à *Causeur* « Je n'ai pas vu de lynchage[4] ». Par la suite, les deux féministes ont néanmoins fini par se fâcher sur des questions de moyens alloués contre les violences faites aux femmes. Cependant, lorsque De Haas a déclaré une énormité – le fait qu'elle soupçonnait « 1 homme sur 3 d'être un prédateur » –, la société a préféré mettre au ban Dominique Besnehard, producteur ayant coché jusque-là toutes les cases de la bienpensance, mais qui a eu le malheur de surréagir à une telle sottise (il a expliqué vouloir la gifler, ce qui assurément est une faute), plutôt que d'affronter les contre-vérités de De Haas.

Le macronisme, en se saisissant de ces sujets sociétaux, est devenu l'allié objectif de courants de pensée particulièrement pervers. De Haas incarne un nouveau féminisme qui prend le sexe masculin pour cible générique, sans nuance et sans bémol. Ce féminisme 2.0 a pris l'ascendant

---

[4]. 9 novembre 2017.

sur l'ancien – le féminisme de nos mères qui défendait le droit à l'avortement et au divorce – en imposant sa vision. Le Canadien Steven Pinker, psychologue cognitiviste et professeur à Harvard, a très tôt théorisé dans *The Blank State* (2002) la différence à faire entre « le féminisme de l'égalité » et « le féminisme du genre ». Ces nouveaux (-elles) féministes sont des enfants (émancipé [e] s) de Bourdieu, qui dénonçait en son temps une forme invisible de domination masculine[5]. Selon eux ou elles, il n'existe aucune différence naturelle entre les sexes, seulement une discrimination sociale. Dès lors, ces nouveaux féministes dénoncent la nature profondément patriarcale du système actuel, le voyant comme un outil de domination millénaire de l'Homme sur la Femme. De la même manière que les marxistes appelaient les prolétaires à secouer le joug des patrons, ces féministes 2.0 modélisent une « guerre des genres ». Les hommes ne sont plus appelés à se battre pour l'égalité, mais sommés de se battre « pour la Femme », quasiment en réparation de centaines d'années d'asservissement. Au passage on mélange des thèmes qui, s'ils sont connexes, ne relèvent pas du même domaine : égalité

---

5. Dans son ouvrage du même nom de 1998, Pierre BOURDIEU développe la notion de domination masculine en la plaçant essentiellement sur le plan de la violence symbolique, c'est à dire un pouvoir en mesure d'imposer des significations et à les présenter comme légitimes en dissimulant les rapports de forces qui sont au fondement de sa force. BOURDIEU parlait ainsi de la jupe comme un « enclos symbolique » et présente cette domination comme « douce, insensible, invisible ». Ainsi, contrairement aux néo-féministes, il semble objectiver comme indépassable ce rapport social de genre, en le naturalisant, et en passant relativement sous silence les autres types de domination (notamment violences physiques, sexuelles ou monde du travail).

homme-femmes, violences faites aux femmes, langage inclusif. Celui qui se frotte, celui qui viole et celui qui refuse de féminiser les mots sont enrôlés de force dans un même camp, celui du Mal.

Le sujet de la modification du langage, souvent traité comme subalterne par une partie des commentateurs, qui trouve innocent de torturer les règles grammaticales pour donner du sens politique, a été la première ligne de tranchée de ces néo-féministes. Il s'est d'abord agi de féminiser les titres et fonctions, au motif que le français serait une langue misogyne car il donne depuis plusieurs siècles la préférence au neutre, exprimé au masculin. En faisant de la structure langagière la structure de domination du patriarcat, ces nouvelles Amazones ont progressivement – mais pas totalement – obtenu gain de cause, puis réclamé l'étape d'après : l'écriture inclusive. Il s'agit là de faire apparaître partout la marque du féminin, afin de démontrer l'égalité. Sur ce sujet, la Macronie a réagi de manière ambiguë ; Emmanuel Macron, invité à l'Institut de France, s'est autorisé à se récrier : « L'Académie a été conçue pour protéger la langue des coups de force inévitables de ceux qui veulent la soumettre à leur agenda politique », et son Premier ministre a bel et bien banni l'utilisation dans l'administration de l'écriture inclusive. Mais son propre secrétaire d'État auprès du Premier ministre, Christophe Castaner, lorsqu'il s'est présenté comme candidat à la tête du parti de la République en Marche, a publié une profession de foi en écriture inclusive. Toujours le « en même temps ».

Cette situation est d'autant plus baroque que sous prétexte de défendre la femme, ce néo-féminisme en arrive à la faire... disparaître. La femme est analysée comme le produit d'une psychologie sociale (« On ne nait pas femme, on le devient »). Cela conduit ensuite à pointer du doigt la manière dont la société conditionnerait les femmes à se spécialiser sur certaines tâches (au nom d'une vision archaïque ou, de manière plus subtile, au nom de la complémentarité naturelle) et à intérioriser leur subordination au patriarcat.

La volonté de déconstruction de ces représentations sociales a conduit dans certains pays à la *théorie du genre*, en désexualisant ou en inversant l'enseignement prodigué en milieu scolaire (les poupées et le rose aux garçons et le bleu et les camions aux filles) puis en détachant l'orientation sexuelle du genre, et enfin en faisant de l'identité sexuelle un choix que la société ne saurait imposer (création de toilettes transgenres dans certains pays pour ceux qui ne se reconnaissent ni homme, ni femme). Le néoféminisme débouche sur une neutralisation ou une confusion généralisée, en faisant primer le genre social sur le sexe de naissance, puis sur un paradoxe : la « convergence des luttes » qui fait que ces néo-féministes soutiennent les femmes voilées en tant que revendication de la maîtrise de leur corps.

Les débats sur la révision constitutionnelle ont montré le télescopage de ces visions de ce sujet sociétal entre les classiques, les avancés et les ultras. Emmanuel Macron s'est cantonné au strict minimum : le seul amendement soutenu par le gouvernement, et adopté à l'unanimité, a été une modification de la Constitution pour y inscrire la non-discrimination basée sur le sexe. Rien de bien révolutionnaire. Néanmoins, d'autres amendements ont été déposés, et recalés, visant soit à réécrire la Constitution en écriture inclusive, à l'initiative d'Isabelle Rauch, député LREM de Moselle, soit à aller encore plus loin et sortir la constitution du paradigme de la « binarité sexuée », à l'initiative de La France Insoumise. Ces auteurs considèrent la Constitution comme rétrograde, car elle ne reconnaît comme « citoyans »[6] que les hommes et les femmes, renvoyant ainsi dans les marges les personnes intersexuées et transgenres. Il s'agissait donc pour eux de substituer au terme « tous les nationaux français majeurs des deux sexes » les mots « toutes les personnes majeures de nationalité française », de permettre à chacun de modifier comme il le souhaite son état civil, ou encore à « supprimer de la Constitution l'emploi générique du genre masculin pour désigner les fonctions présidentielles »[7]. Toutes ces propositions visent à instruire le procès du français comme langue « genrée » favorable au masculin, donc au mâle.

---

6. Terme de « français inclusif » que promeuvent les tenants de cette idéologie. Cf. Grammaire du français inclusif, Alpheratz, 2018.
7. Amendements 805, 806, et 494. « Révision constitutionnelle : à quand l'égalité réelle entre les sexes ? », *Libération* 18 juillet 2018.

Il serait naïf de croire que parce que le Président de la République n'a pas accepté de suivre ces initiatives ou d'aller plus loin, son progressisme et celui des ultras soient fondamentalement différents. En réalité, le second est la prolongation naturelle du premier. Ce mouvement de « constructivisme social du genre » en décorrélation avec ce qu'on concevait naïvement comme une évidence, est allé de pair avec une forme d'individualisme total (je veux choisir et maîtriser mon identité en me méfiant des projections que la société m'impose), de néo-marxisme (la société est par essence une superstructure qui crée une relation de maître à esclave) et d'hypersexualisation (née de la libération des corps post-68). Il est cependant le point d'aboutissement de la philosophie macronienne, même si celle-ci se le cache : à partir du moment où l'identité est changeante (cf. *op. cit.*) et où l'individu est vu comme l'alpha et l'oméga de la norme, on aboutit, poussé aux extrêmes, à une société où avant de parler à quelqu'un, il faudra lui demander comment il désire *subjectivement* être appelé. La mort de l'échange social par hypertrophie de la singularité.

Dans le macronisme, la diversité est sans cesse célébrée comme une valeur, ce qui lui permet de faire s'épanouir le libéralisme sociétal dont il se réclame pour apparaître progressiste. Face aux enracinés, l'hyper-individualisation des gagnants de la mondialisation implique de se revendiquer d'identités alternatives, qui se construisent souvent « contre » les modèles traditionnels, puis qui tentent d'imposer à la société tout entière ces nouveaux dogmes autocentrés. On refuse d'être homme ou femme (théorie du genre), et on cherche à imposer une modification du langage et de l'organisation sociale pour que la société se plie à l'identité que l'on s'est choisie. On refuse de manger de la viande, et on souhaite interdire les bouchers. La liberté chère à Benjamin Constant déborde de la sphère privée pour inonder l'espace public. Chez les enracinés, la dislocation de la Nation encourage aussi la revendication d'identités collectives concurrentes avec les mêmes revendications en termes d'habillement, de nourriture, de relation sociale ou encore de règles (drapeau, langue régionale). La difficulté de Macron est d'accepter les identités alternatives, qui cadrent bien avec sa vision individualiste de la société, sans tomber dans le piège communautariste et régionaliste. *In fine*, cette vision soi-disant progressiste alliant multiculturalisme, individualisme et déconstruction des repères traditionnels, divise plus qu'elle ne rassemble.

Le point d'aboutissement ce progressisme est déjà à nos portes et il porte le nom « d'intersectionnalité » des luttes : il est de dissoudre la défense de la femme dans une défense des minorités du système (tous les « dominés ») en oubliant au passage que les femmes représentent 53 % de l'Humanité. Christiane Taubira, grande prêtresse des minorités opprimées, s'est autorisée récemment à dévoiler la nature singulière de ce néoféminisme, en disant « qu'il était temps que les hommes fassent l'expérience de la minorité ». Ses propos sont doublement choquants. D'abord parce que l'objectif n'est plus l'égalité mais l'inégalité au profit de la femme. Ensuite parce l'argument, emprunté aux analyses ethno-démographiques, fait de la femme une sorte d'ethnie ou de groupe social. On est en effet exactement dans le même type de raisonnement sous-jacent que lorsque certains démographes expliquent par exemple que les Américains blancs ou les Juifs seront à termes minoritaires aux États-Unis et en Israël respectivement. Il s'agit d'aller ensuite vers une conclusion en termes de structure sociale (comment évoluera la culture d'un pays dominé par les Noirs et les Latinos, ou les Maghrébins ?). Comme si être femme était une « culture » différente de l'homme. On le voit pourtant bien en politique : Le sexe importe peu ! Si Taubira mélange allègrement des catégories d'analyse qui sont foncièrement différentes, c'est que l'amalgame est la marque de fabrique de ce nouveau courant. Taubira termine d'ailleurs en prônant la convergence antiraciste et féministe[8].

---

8. Lorsqu'on reprend la liste des signataires de la tribune « anti-Catherine Deneuve » (intitulée poétiquement « Les porcs et leurs allié.e.s ont raison de s'inquiéter »), publiée à l'apex du climat délétère de l'affaire Weinstein, on cerne mieux les contours de cet écosystème de convergence qui fait du combat féministe l'une des facettes d'une lutte civilisationnelle plus large pour mettre à bas un « système » qu'on pourrait vulgairement résumer de capitaliste, blanc, hétérosexuel et patriarcal. Il suffit de lire les titres ou les noms des organisations signataires, qui se glissent au milieu d'associations féministes plus classiques : « Afroféministes » (le groupe Mwasi, en France, est par exemple un « collectif féministe, antiraciste, anticapitaliste et anticolonialiste »), *Check tes privilèges* (qui avec un slogan ambigu – SOS Féminazies – explique doctement qu'il existe des « privilèges » pour ceux qui ont le malheur d'être né homme, blanc, valide – non handicapé – hétéro, chrétien ou athée et qu'il faut œuvrer à la destruction du « système cis-hétéro-patriarcal validiste, classiciste et raciste »), *Effronté.e.s* (association qui dénonce « les mécanismes transversaux du patriarcat » et, à grand coups d'écriture inclusive combat « les politiques d'austérité et le sexisme, en fusionnant contrats précaires, discriminations sexistes, immigré.e.s, LGBT et accès à l'IVG »).

Ce nouveau combat féministe est en réalité un gauchisme construit sur un rejet, une forme de culpabilisation voire une haine sous-jacente de l'autre. Il est dangereux car lorsqu'il vise les « mâles blancs », il racialise. Je ne résiste pas au plaisir de citer Clémence Zamora-Cruz, de l'Inter-LGBT, citée par l'UNEF dans un tweet du 20 avril 2019 « En tant que femme transgenre racisée, je suis intersectionnelle. Mais ma racisation fait de moi une personne plus privilégiée qu'une personne afrodescendante et c'est à cause du colorisme qui crée un privilège entre les personnes racisées ». On comprend mieux ensuite le tweet de la vice-présidente de l'UNEF Lille, Hafsa Askar, quelques heures après l'incendie de cathédrale de Paris : « Je m'en fiche de Notre-Dame car je m'en fiche de l'histoire de France […] On s'en balek (sic) objectivement, c'est votre délire de petits blancs ».

Il me rappelle – bien que les idéologies soient éloignées – les délires de ceux qui au début du XXᵉ siècle mettaient dans un seul sac « l'hydre juive, franc-maçonne, métèque et communiste ». Le plus incroyable est qu'Emmanuel Macron, loin de prendre ses distances avec cette lame de fond, en a récupéré les codes, et même les mots, comme il a pu l'expliquer à propos du plan Banlieue : « Que deux mâles blancs ne vivant pas dans ces quartiers s'échangeant, l'un un rapport, l'autre disant "on m'a remis un plan"… Ce n'est pas vrai. Cela ne marche plus comme ça », terme réutilisé quelques jours plus tard par le ministre de la Culture à propos de France Télévision. Il ne s'agit rien de moins que d'un racisme d'État qui tranche avec ses idées de départ, profondément critiques à l'égard de la discrimination positive, qu'il avait exposées par exemple en 2010 dans une interview donnée au journal *Émile* :

> Quand on s'intéresse à la chose publique, et qu'on veut s'investir en restant fidèle à ses idées, on ne peut le faire qu'à ses propres conditions. Aujourd'hui, je ne suis pas prêt à faire des concessions qu'imposent les partis, c'est à dire m'excuser d'être un jeune mâle blanc diplômé, à m'excuser d'avoir passé les concours de la République qui sont ouverts à tout le monde.[9]

Le plus pervers est que la convergence des combats transcende toutes les identités au profit d'un grand adversaire théorique (l'homme blanc, capitaliste, etc.) et passe sous silence les évidences culturelles : l'islam radical rabaisse les femmes en les recouvrant de pied en cap, et l'immigration – du Maghreb mais pas que – a apporté dans notre pays des cultures très éloignées de notre conception libérale, voire libertaire. Ce n'est pas un hasard si les problèmes de sexisme de rue sont monnaie courante là où l'intégration est la moins forte. Je rappellerai ici les bars où la présence de femmes n'est pas souhaitée, et où les groupes d'hommes sifflent les femmes seules en considérant que par définition une femme non accompagnée est une proie, pour ne pas dire plus.

---

9. *Émile magazine*, 31 mars 2010.

Autre problème, le gauchisme de ce néo-féminisme l'empêche de dresser un bilan critique de Mai 68 et de ses excès. À l'évidence, la sexualisation de la société et la pornographie à grande échelle ont progressivement modelé la sexualité de plusieurs générations – de toutes confessions, origines, ou religions –, qui érige la femme en objet de plaisir et la « tournante » en fantasme... et qui conduit inévitablement à des passages à l'acte. Les néo-féministes s'indignent que 80 % des gens dénudés dans les publicités soient des femmes. Mais le vrai problème est qu'aujourd'hui on éprouve le besoin de mettre à poil des gens – hommes ou femmes – pour vendre du yoghourt !

Emmanuel Macron a d'ailleurs laissé progressivement son « progressisme » englober d'autres minorités, et non les seules femmes, par exemple en laissant sourdre l'idée qu'il pourrait autoriser la PMA, voire la GPA – un grand progrès social que de louer son ventre – ce qui lui a permis, sous couvert d'un sujet « Femme », à s'ouvrir sur les communautés homosexuelles. Lorsqu'il a été critiqué pour avoir accueilli des danseurs dénudés à l'Elysée lors de la Fête de la Musique, le pouvoir a délibérément choisi de ne pas comprendre ce qui était en jeu. Il se serait agi des Chippendales, de soubrettes ou de *geishas* que le problème aurait été identique : l'Elysée n'est pas un bar de *strip-tease*. La Macronie a préféré interpréter les critiques comme la démonstration d'une incurable homophobie latente, et opté pour se draper à fond dans la lutte contre les discriminations : le drapeau arc-en-ciel fut arboré fièrement au fronton de l'Assemblée nationale (imagine-t-on les réactions si cela avait été celui de la Manif pour tous?), au mépris des lois républicaines qui exigent que seul le drapeau français puisse pavoiser les bâtiments publics.

L'écologisme

L'autre mamelle du progressisme macronien s'appelle l'écologisme. Le terme d'écologie vient du grec *oikos* (maison, habitat) et *logos* (discours), inventé par le biologiste allemand Ernst Haeckel en 1866 : il s'agit de la science qui étudie les êtres vivants et les interactions entre eux, « la science des conditions d'existence[10]. »

L'écologisme, lui, est une idéologie politique, dont les pionniers ont posé comme hypothèse la nature autorégulatrice de la planète, avec une prise en compte de la Terre comme un organisme auto-organisé, voire pour certains, plus extrêmes, qu'elle fonctionne comme un être vivant. L'écologisme s'est imposé dans le débat comme consensuel, alors que ses prémisses et ses conclusions méritent d'être explicitées.

L'écologisme considère que l'action de l'Homme conduit inéluctablement à son déclin, du fait des atteintes causées à la Nature. L'écologisme personnalise donc indirectement

---

10. Ernst Haeckel, « Morphologie générale des organismes ».

la Nature – présentée comme innocente – et la dissocie de l'Homme, présenté comme celui qui pille et abuse de ses ressources. C'est en soi discutable : la Nature n'est ni innocente, ni coupable, elle est en revanche parfois impitoyable. Elle n'a donc pas besoin d'être protégée : la Nature était là avant l'Homme et elle a résisté aux périodes glaciaires et de réchauffement ; la Nature sera toujours là après l'Homme si celui-ci disparaît du fait de ses erreurs. Ainsi, à Tchernobyl, où la contamination radioactive pourrait durer plusieurs milliers d'années, la Nature a ainsi repris ses droits, trente ans après l'accident : la « forêt rouge »[11] a disparu pour laisser la place à une forêt plus résistante aux radiations, et des espèces ont réapparu, comme les cigognes noires, tandis que la centrale ressemble à un sanctuaire pour la vie sauvage[12].

En d'autres termes, si nous étions vraiment logiques, il devrait nous importer de protéger l'Homme plutôt que la Nature. Je ne parle pas d'Environnement, terme fourre-tout qui ne veut pas dire grand-chose : une décharge publique ou une zone commerciale font partie de mon environnement.

L'écologisme emprunte également beaucoup à l'approche économique crypto-marxiste : le capitalisme n'est pas tenable, car il détruit et consume lentement la planète, engendrant ensuite des problèmes sociaux (sous-développement, grandes migrations, chaos politique, etc.). La planète

---

[11]. Appelée ainsi parce que les arbres de la zone sont tous devenus rouges lorsqu'ils ont été frappés par les radiations.
[12]. Current Biology, volume 25, 5 octobre 2015, pages R824-R826, « *Long-term census data reveal abundant wildlife populations at Chernobyl* ».

est finie, et ses ressources ne sont pas inépuisables. L'écologisme moderne n'est en réalité que la réémergence de théories autrefois très en vogue comme le malthusianisme ou les théories de la décroissance. Il faudrait donc casser le modèle productiviste, en érigeant une gouvernance mondiale qui nous permettra de vivre en communion avec la planète. Comme l'explique avec causticité Michel de Rougemont, « les associations écologistes [sont] souvent préoccupées par une défense ou une protection allant du lombric au grand mammifère, d'un biotope particulier à la flore et la faune d'une région entière, ou soucieuses de conserver la biodiversité ou de régler le climat global, etc. Il y a aussi les militants anti-quelque chose – nucléaire, chimie, biotech, béton – ou prônant leur schmilblick – véganisme, LGBT, panneaux solaires et éoliennes, agriculture bio[13]. »

Cet écologisme n'est guère tolérant et n'aime pas qu'on remette en cause ses dogmes, comme par exemple celui d'un réchauffement climatique qui aurait pour seule origine l'action de l'Homme[14]. Il est du coup supposé consensuel,

---
13. Michel de Rougemont, Ces associations écolos au fonctionnement néo-soviétique.
14. Il faut bien distinguer ici les climato-sceptiques qui nient l'existence d'un réchauffement climatique, et ceux qui ne partagent pas le consensus scientifique actuel attribuant à 95% l'origine de ce réchauffement à l'Homme. Ceux qui veulent questionner l'ampleur de cette probabilité ont tendance à faire l'objet de plus en plus de pressions politiques alors même que la communauté scientifique n'est pas entièrement alignée sur cette volonté de « fermeture de ban ». En juin 2019, par exemple, les trois quarts des membres de la section chimie de l'Académie des sciences, dont deux prix Nobel, ont adressé avec succès un courrier pour dénoncer la censure d'une tribune « climato-réaliste » qui questionnait l'origine purement anthropique du réchauffement climatique. Ils ont obtenu gain de cause et la tribune a été publiée.

ce qui permet à des personnalités du monde de l'art de signer des tribunes sur des sujets dont elles ne questionnent jamais les soubassements idéologiques[15].

Emmanuel Macron ne s'est pas non plus posé de question, enfourchant avec toutes ses contradictions, le cheval de l'écologisme afin de gagner ses galons progressistes : prophète de l'Apocalypse, voilà qui en jette. Pris dans son élan, Emmanuel Macron confond parfois climat (le temps long, modélisable) et météorologie (le temps court, observable par l'homme)[16] et n'hésite pas à reprendre le discours des plus alarmistes, comme à la Mutualité, lorsqu'il explique « Chaque année est plus chaude que la précédente. » En attendant, certains scientifiques, qui refusent le qualificatif de climatosceptiques mais se revendiquent « climato-réalistes » pointent que le dernier rapport AR5 du GIEC montre que les projections alarmistes de la revue *Proceedings of the National Academy of Sciences*, relayées par les médias

---

15. « L'appel des 200 personnalités pour sauver la planète », *Le Monde*, 3 septembre 2018.
16. Ainsi, dans son discours de Novembre 2017 à l'Assemblée générale des Nations-Unies, Emmanuel Macron débute son propos ainsi « *Le seuil de l'irréversible a été franchi. Les évènements climatiques s'intensifient et se multiplient. La France l'a vécu aux Antilles il y a quelques semaines, sur l'île de Saint-Martin. Plusieurs d'entre vous l'ont aussi vécu ces derniers mois ou ces dernières années.* » Cette allusion au cyclone Irma, qui a dévasté Saint-Martin, est de l'ordre d'une approche sensible de l'évolution météorologique. Est-elle imputable au climat ? En 1980, le cyclone Allen avait été de même intensité (165 nœuds en vitesse maximale). En reprenant les séries cycloniques, la vitesse maximale moyenne des cyclones a été sur une pente décroissante : 83,5 nœuds dans les années 50, 80,4 nœuds dans les années 60, 75 nœuds dans les années 70, 73 nœuds dans les années 80, 72,8 dans les années 90, 70 dans les années 2000-2010. Source : https://www.tibleu.com/histo/an_10.htm

français[17] sont contredites par les observations et que les rapports du GIEC ont une marge d'incertitude sur leurs scénarios qui dépassent l'entendement, allant de 1 à 32[18] car les modèles prédictifs ne sont pas totalement fiables (absence par exemple de détection du « point chaud troposphérique » censé valider les modèles en basse atmosphère, ce qui est d'ailleurs reconnu par certains experts du GIEC que j'ai pu auditionner). Aucune science ne progresse sans débat contradictoire et je me méfie des dogmes religieux qu'on assène comme autant de croyances indépassables. Il faut garder à l'esprit qu'on ne peut pas « mesurer » le réchauffement mais le calculer à partir d'équations qui reposent sur des hypothèses.

Ces controverses scientifiques mises à part, il est difficile de nier les perturbations climatiques récentes, et le carbone que nous émettons contribue de toute évidence à amplifier des phénomènes qui pouvaient prendre plusieurs milliers d'années et qui s'accélèrent. Comme beaucoup de Français, je suis préoccupé par la fréquence des épisodes caniculaires comme nous avons pu le vivre en 2019. Nous faisons l'expérience d'une évolution climatique historique et cette évolution constitue un vrai défi pour les conditions de vie de l'espèce humaine.

---

17. 20 minutes.fr, « Une réaction en chaîne irréversible pourrait transformer la terre en étuve », 7 août 2018.
18. Entre 1998 et 2012, la température aurait augmenté de +0,04°C par décennie, alors que les modèles virtuels calculent entre +0,07°C et +0,4°C. François Gervais, « l'urgence climatique est un leurre », 2018

Aussi il convient d'agir, avec intelligence pour décarboner notre économie. Je dis avec intelligence car il faut garder à l'esprit que la France est plutôt un bon élève au plan mondial, avec moins de 1 % des émissions de gaz à effet de serre. Céder à la panique, comme nous le demande Greta Thunberg, invitée à l'Assemblée nationale à grands renforts de publicité, c'est embrasser la cause des écologistes verts et diviser par six ou huit nos émissions de CO_2 en deux décennies, c'est à dire liquider l'élevage (qui émet du CO_2), le tourisme (les avions) et une bonne partie de l'industrie... pour agir sur un ou deux dix-millièmes de température mondiale. Greta Thunberg ferait mieux d'aller prêcher aux Etats-Unis, en Chine et en Inde, là où se joue l'avenir du réchauffement.

Emmanuel Macron, quant à lui, parle fort mais agit peu.

Dans la pratique, les seules véritables avancées écologiques d'Emmanuel Macron sont celles qui lui permettent de faire de l'écologie le bras armé du libéralisme mondialisé, c'est à dire à utiliser la logique d'incitation, marchande, pour modifier le comportement des acteurs. Macron a ainsi plaidé pour mettre en place une taxe carbone à l'entrée des frontières. Malheureusement, cela ne marche pas : prenons l'exemple du protocole de Kyoto, entré en vigueur en 2005, qui a élaboré un système de taxation des émissions de CO_2 afin de réduire le niveau global des émissions de CO_2 par rapport à 1990. Un mécanisme de revente de crédits carbone aux entreprises qui avaient dépassé leur quota s'est mis en place, suivi d'une bourse des échanges, d'une cotation de la tonne de carbone, puis de fonds spéculatifs... Cette belle architecture marchande a surtout permis l'apparition de bulles, voire de fraudes de la part de réseaux qui ont vu un moyen de blanchir l'argent[19]. Un livre d'Aurélien Brenier, ancien employé de l'Agence de l'Environnement et de la maîtrise de l'énergie[20], a très bien expliqué la dérive de ces mécanismes. Au final, la Bourse Européenne du carbone a dû fermer temporairement en 2011 et les émissions ont globalement progressé... un échec. En 2017, une réforme du système, en organisant artificiellement la rareté des quotas de CO_2 a fonctionné, et redynamisé la Bourse mais fondamentalement, l'outil reste davantage le jouet d'une volonté politique que d'un réel marché économique.

Entre la planète et la logique d'investissement, Macron fait du reste des choix parfois contradictoires et son écologisme est donc somme toute d'une nature très particulière. Ainsi, dans la décision de fermer le projet controversé de l'aéroport de Notre Dame des Landes, alors que l'environnement était évidemment affecté dans les deux options

---

19. Ce n'est pas un cas isolé. En France, le mécanisme des certificats d'économie d'énergie, destiné à monétiser les efforts financés par des « obligés » (entreprises dans le secteur de l'énergie), avec possibilité ensuite d'actionner des politiques de rénovation de bâtiment ou de maîtrise de l'énergie, a débouché sur les mêmes comportements de fraude, et en décembre 2017, Tracfin a fini par mettre son nez dans ce quasi-marché. Tous les contrôles opérés ont révélé des fraudes, ce qui a obligé à un resserrement du dispositif.
20. « Le Climat otage de la finance, ou comment le marché boursicote avec les droits à polluer »

sur la table, c'est l'argument du coût budgétaire, et non environnemental, qui a emporté la mise... Le coût réel de l'abandon a cependant été chiffré à près d'un milliard d'euros. De même, Emmanuel Macron a poussé sa majorité à ratifier le fameux traité CETA, qui va augmenter les émissions carbone, pendant que la plupart des béni oui-oui allaient applaudir la prophétesse en culottes courtes, Greta Thunberg, qui leur expliquaient qu'il fallait agir en sens inverse !

Lorsque sur d'autres sujets, Macron a préféré faire le choix inverse, c'est à dire sacrifier l'économie réelle sur le dogme de l'écologisme, on s'est aperçu... que cela n'aurait strictement aucun impact sur la décarbonation de l'économie. Comme François Hollande avant lui, qui avait fait voter à marche forcée la loi sur la transition énergétique – quitte à mentir sur la décrue rapide du potentiel nucléaire civil pourtant décarboné – afin d'être en position de force à la Cop21, Macron a ainsi débuté par le vote de la loi Hulot interdisant la production d'hydrocarbures sur le territoire national à horizon 2040.

On pourrait penser qu'il s'agit d'un élément positif pour lutter contre les émissions de CO_2, mais il faut en comprendre les effets : une loi touchant 1 % de notre consommation fossile, nous obligeant à devenir à 100 % importateur, n'a strictement aucun impact sur les émissions de CO_2. En revanche, elle contribue à détruire les derniers emplois de la filière, pour le symbole. Comme le rappela Nicolas Hulot, la France était la première à faire ce geste... Et sans doute restera la seule.

Macron a fait également tout son possible pour accélérer le déploiement des éoliennes terrestres en France, alors que ces énergies intermittentes ont pour principale conséquence d'obliger à les compléter par des centrales fossiles, et donc in fine d'augmenter les émissions de CO_2, tout en défigurant les paysages et en dégradant le cadre de vie. Au surplus, les emplois dans cette industrie sont diffus et coûtent très chers. J'ai ainsi fait chiffrer par la commission de régulation de l'énergie, en tant que rapporteur spécial sur le Budget Energie en commission des finances, que le coût total pour les finances publiques oscillaient entre 70 et 90 Milliards d'euros pour le soutien aux éoliennes jusqu'à 2028!

Souvent, pour masquer l'inaction ou les contradictions, le slogan tient lieu de politique : il faut avoir une politique « verte » et ceci, « pour sauver la planète ». Cette approche de la protection de l'environnement raisonne par dogmes et fait fi parfois de toute prudence scientifique. Il en fut de même quelques mois plus tard lorsque le gouvernement Français fit des pieds et des mains pour limiter au maximum l'autorisation européenne donnée au glyphosate, molécule contenue dans le Roundup, le pesticide phare de la société Monsanto. Rappelons que le Centre International de recherche sur le Cancer, qui dépend de l'OMS, l'a effectivement classé « cancérogène probable » pour l'homme, en 2015, a contrario de plusieurs autorités de santé – comme l'Agence européenne de sécurité des aliments, l'OMS[21] (sic) ou la FAO - qui minimisent la dangerosité du pesticide. Ceci s'explique par le fait que le classement de l'OMS est une estimation du *danger*, et non du *risque* pour la population, qui relève des agences nationales de sécurité sanitaires. En l'absence de consensus scientifique, le gouvernement a voulu trancher, avec le risque, comme pour les OGM d'être manipulé : il faut se souvenir du long article scientifique intitulé « *Toxicité à longterme d'un herbicide roundup et d'un maïs génétiquement modifié tolérant au Roundup* », écrit par Gilles-Eric Séralini et une équipe de chercheurs de l'Université de Caen, publié en septembre 2012 dans la revue *Food and Chemical Toxicology*22.

La volonté de limiter au maximum voire de bannir le glyphosate est un beau symbole, et il est acquis que moins on déverse de produits chimiques dans le sol, mieux on se porte, mais il laisse de coté la question des alternatives. Emmanuel Macron ne semble pas avoir compris qu'en obligeant les

---

21. L'OMS se base sur des études de période longue sur des agriculteurs (étude du risque). Le CIRC se base sur des études préexistantes sur des animaux (étude de l'exposition).
22. Ces derniers avaient affirmé que des rats nourris avec du maïs génétiquement modifié et/ou du Roundup étaient morts plus rapidement que des rats nourris avec du maïs normal non traité à l'herbicide. S'en était suivi une tornade médiatique soigneusement orchestrée, avec dans la ligne de mire l'agro-industriel Monsanto, et, malgré la réticence de l'AESA, et d'un grand nombre d'instituts scientifiques prestigieux, conduisit la France à renforcer le moratoire sur la culture d'OGM, conduisant de facto à la disparition de cette filière. Quelques années plus tard, on s'aperçut que l'étude était fausse.

agriculteurs à utiliser des herbicides alternatifs au glyphosate, moins efficaces que ce dernier, et donc en quantité plus importante, il accomplira le plan machiavélique des adversaires de l'agriculture conventionnelle. Ils auront en effet un argument imparable en démontrant que les agriculteurs ne sont pas en mesure de respecter le plan « écophyto » issu du Grenelle de l'Environnement qui prévoit la diminution de moitié du recours à ce type de produits. L'étape d'après consistera à demander l'interdiction d'une liste toujours plus longue de produits, chose qui sera facilitée par le fait que le produit le moins nocif, le glyphosate, aura déjà été interdit. Dans le cas du glyphosate, la position du gouvernement a d'autant plus été critiquable que pendant que la main gauche demandait à Bruxelles l'extinction rapide du recours au produit, la main droite empêchait l'Assemblée nationale, en septembre 2018, de voter l'interdiction sous trois ans.

Emmanuel Macron, qui aime mettre avant la domination du raisonnement sur l'émotion, ne semble pas prêt à rentrer en guerre contre ces « marchands de peur ». L'écologie est vécue comme un bloc, une religion, et surtout un créneau politique rentable. Il faut se convertir, si possible dans l'urgence, comme autrefois au marxisme.

En réalité, je soupçonne qu'Emmanuel Macron instrumentalise l'écologie, car celle-ci lui permet d'avoir une fenêtre ouverte sur le monde et de faire une nouvelle fois le lien entre la responsabilité de l'individu et la planète, en écartant des niveaux intermédiaires qui lui semblent dépassés. En effet, croyant à l'émergence d'un univers mondialisé, Emmanuel Macron aime à répéter que ces défis planétaires ne peuvent être relevés qu'au niveau mondial, véritable introduction à une théorie fonctionnaliste de l'économie mondiale, celle qui empêche de retourner en arrière car nous serions devenus interdépendants à la manière des organes d'un même corps.

L'accueil du « One Planet Summit » en décembre 2017, avec ses 4 000 participants venus du monde entier, lui a permis de jouer au leader du monde vert, en anglais. Cela valait bien quelques petits sacrifices, comme par exemple mettre Paris sous tension et provoquer des embouteillages monstres. Tant pis pour le carbone. Le deuxième One Planet Summit, en septembre 2018 s'est tenu à New-York, et a permis à Macron d'être sacré Champion de la Terre (avec le Premier ministre Indien Modi) et celui de Champion du Climat avec 14 autres personnalités. Un troisième sommet, coprésidé par Emmanuel Macron, s'est tenu en mars 2019, au Kenya, dans une indifférence quasi-générale. Depuis, Emmanuel Macron joue au prophète Jonas qui mettait en garde la ville de Ninive dans la Bible : « Encore quarante jours, et Ninive sera détruite! ». Un peu d'objectivité permettrait de relever que malgré une vingtaine de COP et de grandes messes mondiales, la lutte contre le réchauffement climatique n'a pas avancé d'un pouce. En France, notamment, après une décennie de réduction des émissions de CO_2, celles-ci sont reparties à la hausse en 2017 (+2 %), puis en 2018 (plus de 2 %).

La démission précipitée de Nicolas Hulot, à la fin août 2018, n'a fait que révéler en plein jour l'ambiguïté idéologique de notre « Tistou les pouces verts » en matière de protection de l'environnement. On ne peut pas être « en même temps » pour ou contre le nucléaire, le glyphosate, etc. Entre les tenants de l'ordre public vert, volontiers malthusiens et adeptes de la rééducation comportementale au nom de l'urgence climatique, et les apôtres de l'individu-roi, libre de toute entrave, le mariage ne peut être que de courte durée car la conception de la société diffère radicalement. Emmanuel Macron croit fondamentalement à la relance de la croissance économique, alors que Nicolas Hulot était « l'imam caché » de la théorie de la décroissance, théorisée par le sociologue Jacques Ellul et portée dans le débat public dans les années 60 par les associations environnementalistes les plus radicales. La vision écologiste radicale suppute que le progrès scientifique ou technique, et donc l'ingéniosité humaine, crée plus de troubles qu'il n'apporte de solutions à l'avenir de la planète. Les écolo-millénaristes veulent évacuer l'Homme de leur raisonnement intellectuel. En effet comme je l'ai déjà écrit, ils se focalisent sur la peur et le diagnostic, en gelant derrière tout débat. Or, un médecin peut être le premier à détecter une maladie mais être mauvais à la soigner. Pour l'écolo-millénariste, le vrai problème de la planète, son cancer, c'est l'humain. L'humain qui produit, transforme, détruit, pille, chasse. Une des solutions serait ainsi de faire moins d'enfants, avancent même certains.

Tous ont un argument massue : face au danger, un seul chemin est possible. En faisant cela, ils nient la capacité de choix de l'homme sur son destin, le rôle de la démocratie (qui doit pour eux s'effacer devant l'Expert). Plus pernicieux, en expliquant que l'Homme doit respecter la Nature et s'adapter aux contraintes, ils remettent en cause involontairement l'apport du judaïsme, du christianisme, et des Lumières qui fait de l'Homme le cœur de tout système. Ce n'est plus la loi de Dieu, comme au Moyen-Age qui doit s'imposer, mais celle de Mère Nature. L'homme est vu comme l'adversaire de l'environnement, pas comme la solution aux problèmes qui peuvent se poser. Il perturbe, par son activité, l'équilibre naturel, c'est à dire la survie de la planète. Pour ma part, je plaide pour une écologie humaniste, c'est à dire une protection de la Nature décidée par l'Homme et qui intègre les activités humaines, et des actions plus concrètes pour arrêter l'artificialisation des terres et la pollution.

Hulot est un janséniste vert : la frugalité et le localisme sont les deux moteurs d'un retour en arrière incompatibles avec l'enthousiasme macronien pour le néo-libéralisme économique. Les deux prophètes avaient en commun une vision d'un nouveau monde, malheureusement leurs prédictions étaient incompatibles…

Chapitre IV :

Non, le macronisme n'est pas un gaullisme

J'ai tenté de démontrer dans les deux chapitres précédents qu'Emmanuel Macron est le forgeron d'un nouvel axe idéologique, basé sur le primat de l'individu, qu'il s'agisse de sa dimension économique (libérale) ou de sa dimension sociale (progressiste, voire libertaire), mais que la place de la liberté individuelle dans cet équilibre est très ambigüe, rognée par la police du genre ou les prophéties de l'apocalypse environnemental. Si on est convaincu que cette caractérisation est fidèle à la réalité, reste un ensemble de questionnements qui tournent autour de l'importance de ce substrat idéologique : en quoi cette approche est-elle dangereuse pour le pays ? N'est-ce pas un aspect secondaire par rapport à l'élan d'espoir qu'a su créer « l'homme Macron » ? N'est-il pas, à l'image du Général de Gaulle, le fossoyeur d'un monde ancien, annonciateur d'une union nationale capable de triompher des vrais défis qui menacent la France ? Et finalement, Emmanuel Macron n'aurait-il pas raison, en voulant – enfin – voir le monde tel qu'il est et adapter ce pays à la mondialisation ?

Toutes ces questions sont légitimes.

Avant son accession, Emmanuel Macron n'avait pas dissimulé son souhait d'imiter le style mitterrando-gaullien, c'est à dire de prendre de la hauteur, de donner du sens par le Verbe, condition pour agir. Son élection avec un positionnement « ni de Droite, ni de Gauche », semblait l'inscrire dans les pas d'un Charles de Gaulle. Celui-ci n'avait-il pas déclaré à Alain Peyrefitte : « Être gaulliste, c'est être de gauche et de droite à la fois […] C'est être passionné et raisonnable, mais en même temps ! C'est être pour le mouvement et l'ordre, mais conjointement. »

Sur la forme, reconnaissons que l'imitation du « grand Charles » a été parfois talentueuse. Jouant sur l'ambiguïté, Emmanuel Macron n'a pas hésité d'ailleurs à récupérer çà et là certains symboles gaulliens typiques. Le premier fut le dépassement de la Droite et la Gauche, déjà évoqué ; le second, lui aussi mentionné, a été l'inscription de la croix de Lorraine sur les armes de l'Élysée. Le troisième a été celui de la participation. À l'automne 2017, alors que le passage des ordonnances travail avait écorné l'image « sociale » d'Emmanuel Macron, il a annoncé, en octobre, vouloir revisiter « la belle invention gaulliste de l'intéressement et de la participation ». L'intéressement, facultatif, consiste pour les employeurs à verser aux salariés un complément de rémunération, fondé sur la réalisation d'objectifs ou de performances (résultat d'exploitation, productivité) et représente en moyenne 1 772 euros. La participation, obligatoire dans les entreprises d'au moins cinquante salariés, facultative en deçà, consiste à redistribuer une partie des bénéfices réalisés par l'entreprise aux salariés, et s'élève en moyenne à 1 407 euros[1]. L'opposition du patronat ne s'est pas fait attendre, comme en 1969, et en avril 2018, le président de la République a surtout annoncé la suppression du forfait social, la contribution de 20 % prélevée sur l'intéressement et la participation des salariés, c'est à dire un allègement de charges censé améliorer le pouvoir d'achat. Une mini-réforme qui ne modifie en rien les rapports sociaux à l'intérieur des entreprises.

À ce stade, il convient donc d'expliquer ce qui fait que la démarche d'Emmanuel Macron est aux antipodes de celle du fondateur de la Ve République dont je partage les convictions, pour mettre en lumière la nature véritable du projet de société d'En Marche et où mène la « troisième voie » d'Emmanuel Macron.

La relation de l'Homme au monde

Reconnaissons tout d'abord que les sources philosophiques du macronisme et du gaullisme sont très proches.

---
1. *L'Express*, « Macron veut étendre l'intéressement et la participation, les patrons grognent », 6 décembre 2017.

Paul Ricœur était en effet un lecteur assidu d'Henri Bergson, même s'il s'est bien gardé d'écrire à ce sujet, le bergsonisme ayant été sévèrement attaqué en son temps pour son coté trop religieux. Or, Henri Bergson a côtoyé de Gaulle et l'a influencé, au même titre que Péguy ou Maritain. Bergson croit à la volonté et à l'effort. Le lien indéfectible entre la pensée, la volonté et l'action est caractéristique du Général de Gaulle : « L'Histoire n'enseigne pas le fatalisme. Il y a les heures où la volonté de quelques hommes brise le déterminisme et ouvre de nouvelles voies.[2] » Tout prend sa source dans cette maxime de Bergson : « Il faut agir en homme de pensée et penser en homme d'action », ce qui fait écho à l'articulation du *dire et du faire* ricœurien. Chez Bergson, chez de Gaulle, il y a l'idée que le déterminisme n'existe pas, que la vie ne suit pas des contours déjà préalablement écrits et donc que la vie est un exercice de mobilité et de liberté, expression de notre personnalité. « Il n'y a pas d'obstacle que des volontés suffisamment tendues ne puissent briser ». De Gaulle ne dira pas autre chose.

Aussi pourrait-on imaginer Macron lorsque Bergson écrit « Sûrs d'eux-mêmes, parce qu'ils sentent en eux quelque chose de meilleur qu'eux, ils se révèlent grands hommes d'action, à la surprise de ceux pour qui le mysticisme n'est que vision, transport, extase. » Macron, comme de Gaulle, croit à la magie du Verbe. Il y a cependant une différence de taille : le déterminisme par le talent, évident

---

2. Jean-Raymond TOURNOUX, *La Tragédie du général*, Plon.

dans la rhétorique macronienne, l'empêche d'avoir un discours véritablement universel.

Philosophiquement, Emmanuel Macron, en effet, ne remet jamais en cause le déterminisme de la mondialisation : la politique macronienne est une intériorisation de la règle d'airain de l'économie. Il est un croyant fervent dans l'économie capitaliste mondialisée, qui s'accommode très bien d'un épanouissement individuel. Les banquiers et le marché ont pris le contrôle et c'est une bonne chose : ils sont le meilleur allocataire de richesses.

Face à la révolte des enracinés, le libéralisme mondialisé aime prôner des solutions alternatives à la démocratie, principalement en expliquant qu'au nom du réalisme économique, il convient d'écouter les experts qui financent le système (les marchés qui, au passage, monétisent l'endettement public) et les techniciens de la machinerie. Même un vote aussi franc que le Brexit est progressivement ravalé au rang d'erreur de parcours : on s'interroge doctement sur le fait de savoir s'il faudrait revoter ou pas, pour que le peuple, dûment convoqué puisse réparer son erreur, « aidé » par les sachants. Le libéralisme mondialisé considère souvent les soubresauts démocratiques comme un grain de sable.

Emmanuel Macron ne s'interroge guère sur le sens du progrès, qu'il voit comme étant intrinsèquement bon, à condition qu'il mène à l'épanouissement personnel. La révolte est confondue avec la transgression, mais cette dernière s'arrête aux portes du système car il s'agit d'un synonyme de progressisme : la transgression n'est pas *révolution* (collective) comme le prétend pompeusement son ouvrage de campagne, mais *libération* de l'individu dans sa quête identitaire et matérielle. La libération tient donc en trois mots : jouissance, talent et réussite. L'Homme macronien est invité à transgresser certains codes sociaux mais son épanouissement est lié au fait d'avoir correctement analysé les règles économiques et donc de s'y adapter. Il en résulte que le politique n'est pas là pour dicter sa loi à l'économie, mais pour lui permettre de fonctionner le plus aisément possible, parce que le marché a raison et crée de la prospérité.

La troisième voie de Macron consiste à réconcilier liberté économique et libéralisme sociétal. Il s'agit de bâtir un univers d'auto-entrepreneurs, de leaders chanceux et audacieux, qui en maximisant leur gain individuel permettent à la société d'avancer, ou plutôt d'être performante. Macron parle à une certaine élite, et non au peuple. Plutôt qu'un homme de l'innovation, Macron d'un certain point de vue est donc conservateur.

À l'inverse, pour de Gaulle, biberonné aux idées d'Ordre Nouveau[3] et d'*Esprit*[4], des groupes spiritualistes alarmés

---

3. Il ne s'agit pas du mouvement d'extrême-droite des années soixante-dix, mais d'un groupe de jeunes intellectuels non conformistes des années trente, précurseurs du personnalisme, pour lesquels l'Europe traversait une crise de civilisation. Ordre nouveau s'est ensuite disloqué après 1945, plusieurs de ses membres devenant militants des mouvements fédéralistes européens.
4. Revue intellectuelle fondée en 1932 par Emmanuel Mounier.

par la montée du matérialisme dans l'entre-deux-guerres, et de la doctrine sociale de l'Église, se pose le problème de la survie d'une civilisation. Dans un monde dominé par la machine et l'argent, il questionne le progrès dans sa dimension morale.

La véritable émancipation de l'Homme ne peut venir que d'une victoire de l'esprit sur la matière, quitte à rebattre les cartes. De Gaulle a en lui, malgré son conservatisme naturel, une part rebelle ou révolutionnaire qu'il transpose dans sa vision politique. Lui, l'homme élevé dans une famille traditionnelle plutôt maurassienne et monarchiste, s'affirme républicain. Lui, le militaire, promeut une remise en cause de la stratégie face aux Allemands sur l'emploi des chars et de l'aviation, à rebours de sa hiérarchie. Plus tard, il n'hésitera pas à se fâcher avec l'allié américain pour théoriser une politique d'équidistance avec les deux blocs, ou bien à affronter les milieux financiers – et une bonne partie de la Droite – en proposant la participation. Sa troisième voie est de dépasser capitalisme et marxisme en instaurant en effet l'association de l'argent et du travail et la juste rétribution des gains, quitte à en finir avec le salariat. On a vu que la version macronienne de la participation était beaucoup plus modeste.

La part bergsonienne du gaullisme encourage à bouleverser toutes les règles, si nécessaire, au profit d'un seul but : la France et la victoire morale de ses idées, car son émancipation se situe avant par rapport à un système contraint.

Sa vision de l'économie est donc distincte du macronisme, et beaucoup moins centrale : les banquiers ne sont utiles qu'à condition qu'ils soient soumis à l'impératif de financement des autres industries nationales, c'est-à-dire qu'ils contribuent à financer la politique.

La France et l'Europe

La conception de l'identité nationale chez Macron tranche pleinement avec celle d'un de Gaulle. Convaincu que les Nations ne sont plus au bon niveau pour régler les problèmes du Monde, que l'identité statique n'existe pas, et que les égoïsmes nationaux sont un frein à l'intégration économique et à la survie de nos entreprises, Emanuel Macron en est arrivé à forger des concepts dangereux pour l'avenir même de la Nation Française, comme dans son discours sur l'Europe d'Athènes, le 7 septembre 2017.

Par exemple, Macron va oser ce jour-là le concept de « souveraineté européenne ». Pour cela, il reprend, en entame de son discours, le concept d'identité narrative : « L'Europe même n'a toujours été qu'une métamorphose ! Ceux qui voudraient fantasmer une identité figée ne savent donc pas quel est le mythe né sur ces rives : celle d'une métamorphose constante ! » Tant pis pour ceux qui croyaient que de la démocratie grecque à l'Empire romain, en passant par la Chrétienté, l'Europe s'était fondée sur une culture basée sur la raison, une identité judéo-chrétienne.

Puis, il contourne l'absence de peuple européen pour se réapproprier un concept qui appartient à ses adversaires – la Nation, et sa souveraineté, c'est à dire son indépendance – pour expliquer :

> La souveraineté véritable, elle se construit, elle doit se construire dans et par l'Europe ! Celle dans laquelle nous croyons ! La souveraineté que nous voulons, c'est celle qui consiste précisément à conjuguer nos forces pour bâtir ensemble une puissance européenne pour pouvoir décider de ne pas subir ce que les superpuissances feront mieux que nous […] Je crois dans la souveraineté, les souverainetés nationales qui sont les nôtres, mais je crois dans cette souveraineté européenne. Pourquoi ? Parce que nos défis ne sont plus à l'échelle de nos nations.

De la même manière qu'il a volé le mot « libéralisme », Macron tente de capturer le mot « souveraineté », mais en l'appliquant à son exact principe opposé. Tout cela ne manque pas de renvoyer aux slogans imaginés par Orwell dans *1984* : « La paix, c'est la guerre », « La liberté, c'est l'esclavage », « le mensonge, c'est la vérité ».

Un peu plus loin, le raisonnement qui sous-tend cet effacement de l'État-Nation trouve son socle – une nouvelle fois –, l'économie :

> Notre souveraineté européenne est ce qui nous permettra d'avoir des champions du numérique, de construire une

économie forte, et faire une puissance économique dans ce monde qui change. Et non pas subir la loi des plus grands qui sont américains et demain chinois, mais qui ne sont pas les nôtres.

En termes politiques, cette affirmation est un véritable « saut quantique » : jamais président de la République n'avait osé valider l'effacement de la Nation au nom d'une métamorphose de l'identité, pour permettre la survie de l'individu dans l'économie mondialisée. En cela, Emmanuel Macron ne fait que recycler le raisonnement de Jean Monnet pour le rendre comestible à une opinion publique à la recherche de racines et d'identité.

Relisons en effet le discours de Jean Monnet, président de la conférence du plan Schumann, au moment de la création de la CECA, le 19 mars 1951 :

> Le caractère supranational de cette Communauté : […] Cette vue commune trouve son expression dans une délégation limitée de souveraineté […] pour remplir des fonctions réservées jusqu'à présent aux souverainetés nationale. Il s'agit là d'un changement fondamental dans la nature des relations entre les pays d'Europe, de la forme nationale qui les opposait et les divisait, à une forme supranationale qui les rapproche et les unit […] À l'avantage de tous sera ouvert […] un marché de 150 millions d'habitants […] Ainsi sera frayée la voie à un accroissement de la production et de la productivité à l'échelle des moyens techniques modernes […]

> Enfin à la base de l'organisation projetée, il y a la liberté et l'initiative [...] Ce traité du plan Schumann doit ouvrir une brèche dans les souverainetés nationales, en substituant aux barrières du passé qui nous ont jusqu'à présent appauvris, des règles communes [...] pour le bien commun de nos six pays.

Dans l'esprit d'un Jean Monnet, un engrenage de secteurs, non pas politiques mais techniques, comme en économie, devait susciter progressivement une intégration européenne et à terme une fédération politique. L'intégration marchande modèlerait le comportement des acteurs européens et leur ferait, à commencer par les élites, renoncer à ce fatras du passé que représentaient les patries et les frontières. La logique d'Emmanuel Macron est similaire : le marché régule et oriente le comportement des individus. Il est la meilleure option technique possible pour résoudre les problèmes politiques communs que sont la protection de l'environnement, la faim dans le monde ou encore le sous-développement. Malheureusement, le marché ne peut rien contre les vagues migratoires en Méditerranée. Il n'a rien à offrir en rempart au terrorisme islamique. Il fait le pari de la rationalité et de l'intérêt individuel maximisé, mais cet axiome ne se vérifie pas toujours.

Macron n'est donc pas un moderne, mais simplement un prophète échappé d'une faille spatio-temporelle, qui pense comme Jean Monnet et parle comme Giscard, à la différence près que Giscard était en phase avec son époque.

Macron n'est pas gaulliste, car de Gaulle, grand adversaire de Jean Monnet, croit en la permanence de la Nation : « l'Union de l'Europe ne saurait être la fusion des peuples ». Dans ses mémoires, couchées l'année de sa mort, de Gaulle récuse « une construction dans laquelle des technocrates formant un "exécutif" et des parlementaires s'investissant du "législatif" – la grande majorité des uns et des autres étant des étrangers – auraient qualité pour régler le sort du peuple français[5]. » L'universalité gaullienne est enracinée dans la Nation et s'appuie sur une conception de l'identité intemporelle et radicalement différente de celle de Macron : « La France vient du fond des âges. Elle vit. Les siècles l'appellent. Mais elle demeure elle-même au long du temps [...] Elle revêt un caractère constant qui fait dépendre de leurs pères les Français de chaque époque et les engage pour leurs descendants[6]. » Lorsque de Gaulle, dans une conférence de presse restée célèbre, cite Dante, Goethe ou Chateaubriand comme de grands européens, c'est pour mieux insister sur leur nationalité respective et conclure qu'« ils n'auraient pas beaucoup servi l'Europe s'ils avaient été des apatrides ». En grand bergsonien, il sait distinguer le patriotisme ouvert du nationalisme clos, en considérant que l'enracinement fait la force, la grandeur et permet justement de communier ensuite à l'universel. Le Gaullisme ne fait des Français que des locataires d'une Histoire qui les dépasse et d'une France éternelle qui les sublime.

---

5. Cité par François CHOISEL, *Comprendre le Gaullisme*.
6. Charles DE GAULLE, *Mémoires de Guerre*.

À l'inverse, dans son discours d'Athènes, Emmanuel Macron évoque Madame de Staël ou Benjamin Constant qui parlaient plusieurs langues, mais c'est pour mieux dresser les contours d'une culture européenne. Il voit l'identité comme un frein qui empêche la modernité et l'ouverture, de Gaulle comme une garantie de dialogue. L'un et l'autre récusent la gauche sectaire et la droite exclusive, pour reprendre les mots de Francis Choisel, l'un et l'autre allient les contraires, mais le récipient alchimique est différent : la France pour l'un, l'Europe pour le second. Macron soupçonne l'identité de nourrir un nationalisme agressif, de Gaulle plaide pour un patriotisme ouvert et enraciné. L'un perturbe en gardant le cap, l'autre déconstruit le navire. L'un n'hésite pas à embrasser la radicalité, l'autre ne connaît que la modération centriste comme chemin d'accès à l'universel.

N'étant ni en accord sur le périmètre de l'action politique – la Nation ou l'Europe – sur la relation du politique à l'économie, sur la conception de l'émancipation moderne de l'Homme, les deux visions sont comme l'eau et le feu[7]. Reste que le conservatisme n'est pas forcément là où on pourrait le soupçonner.

---

7. Jean Monnet, l'aïeul politique d'Emmanuel Macron, dans une note déclassifiée adressée au secrétaire d'État américain Harry Hopkins ne s'y était pas trompé : « Il faut se résoudre à conclure que l'entente est impossible avec De Gaulle [...] qu'il est un ennemi de la construction européenne et qu'en conséquence, il doit être détruit dans l'intérêt des Français ».

Quo vadis Domine ? Où va la « troisième voie » d'Emmanuel Macron ?

La fameuse « troisième voie » d'Emmanuel Macron n'est donc pas celle du gaullisme mais une potion alchimiquement très éloignée.

Elle est passablement éloignée du rocardisme, dont Emmanuel Macron aime pourtant se revendiquer. La troisième voie rocardienne était clairement de Gauche, un socialisme démocratique qui, contrairement à Emmanuel Macron, proposait d'accroître la rémunération des travailleurs avec un sursalaire implicite, acquitté sous la forme d'une réduction du temps de travail. La deuxième Gauche s'appuyait du reste sur le milieu associatif et syndical, que Macron, en souverain solitaire, se plaît à ignorer ou à contourner au profit d'une recentralisation étatique dont il est le bénéficiaire. Contrairement au prophète Macron, barde du capitalisme mondialisé, le rocardisme tirait la sonnette d'alarme sur un capitalisme victime de l'*hubris* de la finance, de la course spéculative aux dividendes, de la perversion des sociétés par le tout-marchand. Enfin, sur l'Europe, Rocard, précurseur, avait vu l'avenir lorsqu'en 1980, il disait au congrès de l'Union des partis socialistes de la Communauté européenne :

> Prise en tenailles entre les multinationales à technologie de plus en plus sophistiquée (mais dont la paternité n'est plus géographiquement installée en Europe) et, d'autre part, un

tiers-monde de plus en plus capable de fournir les mêmes produits ou les mêmes technologies, mais à un coût inférieur du quart ou du dixième, l'Europe risque fort d'être acculée à un protectionnisme sévère, à moins qu'elle n'organise son avenir. Planification ou protectionnisme, voilà bien le dilemme, et c'est un dilemme que l'on connaît bien, car, si l'on refuse de prendre le problème à temps et qu'on décide trop tard, il ne reste en général plus que le protectionnisme, qui est la fuite vers la défense à court terme, la défense politique et commerciale. Mais c'est aussi, et chacun le sait, la pente de l'autoritarisme et de la guerre.

Michel Rocard ne croyait pas au marché pour résoudre le problème européen.

On pourrait cependant encore penser, malgré ces alertes, que la troisième voie macronienne vaudrait la peine d'être essayée. Ce curieux breuvage fait de libéralisme économique échevelé, de progressisme sociétal et de leadership environnemental qu'est le macronisme peut sembler moderne et bien tentant, car unique aux yeux de nos contemporains. En réalité, le macronisme n'a rien d'original. Il n'est pas une vision d'avenir mais une photographie du passé, où des leaders anglo-saxons issus du Centre-Gauche avaient eux aussi joué des partitions idéologiques similaires.

Bill Clinton avait remporté l'élection présidentielle de 1992 avec le slogan *It's the economy, stupid!* pour insister sur l'échec économique du Président Georges H. W Bush.

Le « clintonisme » était devenue l'apanage de ceux qu'on appelait les « nouveaux démocrates », c'est à dire libéraux au sens américain du terme (progressistes), par leur défense de la discrimination positive, de l'environnement ou de l'égalité des sexes, mais hybridé avec le corpus de valeurs traditionnelles de l'Amérique : libre-entreprise, responsabilité individuelle, conception d'un État donnant aux individus les moyens de s'épanouir par eux-mêmes. Ce nouveau progressisme était une tentative de recentrage de la gauche américaine. Bill Clinton se voulait lui aussi plus pragmatique qu'idéologue, désireux de sortir de la binarité idéologique américaine née en 1980 en forgeant une troisième voie permettant de dépasser le débat stérile entre conservatisme américain et progressisme démocrate. Clinton se fit le défenseur d'accords de libre-échange (Alena) et donc un promoteur infatigable de la mondialisation commerciale qu'il voulait concilier avec un progressisme social. Emmanuel Macron, à la lecture de ce portrait, semble n'avoir rien inventé.

Tony Blair, ancien Premier ministre britannique, très influencé par le clintonisme, et grand « social-libéral » avait ainsi affirmé devant le parlement français : « La gestion de l'économie n'est ni de gauche, ni de droite. Elle est bonne ou mauvaise. » Le portrait de Blair pourrait très bien convenir pour Macron : brillant, charismatique, charmeur, Tony Blair était plus pragmatique qu'idéologue. Le « blairisme » voyait la mondialisation comme une chance, et parlait alors d'incarner une « troisième voie » permettant de conjuguer libéralisme économique et meilleurs services publics. Il fut aussi un décentralisateur et un partisan de l'union homosexuelle[8].

Pour Thibaut Rioufreyt, qui a consacré sa thèse à la réception de la troisième voie britannique dans les rangs socialistes en France, Emmanuel Macron n'a pas, comme Tony Blair ou Bill Clinton, rattaché sa troisième voie à l'histoire de la Gauche parce que c'était déjà le positionnement de Manuel Valls, mais aussi parce que rester enfermé dans la Gauche le condamnait à parler à 6 à 7 % de l'électorat. Pour Rioufreyt, le macronisme se place dès le départ « par-delà la Gauche et la Droite » et ne cherche pas, à l'inverse du clintonisme ou du blairisme, à « trianguler », c'est à dire à communiquer en empruntant à l'adversaire ses arguments et ses mots[9], mais plutôt en maniant le flou, ce qui permettait de séduire l'électorat centriste et peut-être également les électeurs faiblement politisés[10]. On a vu que le macronisme fait plus que voler des mots : il les dénature et inverse leur sens pour construire son propre référentiel. Le verbe macronien est un coucou, faisant ses œufs dans les nids des autres.

Reste que les subtilités entre macronisme et blairisme ou clintonisme s'expliquent aussi par la nature de l'écosystème politique dans lesquels ils s'épanouissent et surtout

---

8. *Le Point*, « Tony Blair, du firmament à l'opprobre », publié le 6 juillet 2016.
9. *www.thibaut.rioufreyt.fr*
10. *France Culture*, « Rocard, Blair, Clinton… Macron dans l'histoire de la « Troisième voie », 17 mai 2017.

par le décalage temporel : le macronisme a surgi alors que la mondialisation et ses effets étaient beaucoup plus perceptibles par la population qu'il y a vingt-cinq ans. En réalité, le macronisme aime le monde anglo-saxon, car c'est de là qu'est parti le signal nerveux de la mondialisation. Cette connivence s'est d'ailleurs illustrée à plusieurs reprises, notamment lorsqu'Emmanuel Macron a directement transposé du modèle institutionnel américain certaines pratiques, comme celle de signer (symboliquement) en public la promulgation de lois ou encore le fait d'insister pour parler chaque année devant le Parlement réuni en Congrès. Cela s'est également vu au sujet de l'inspiration législative, l'affaire Weinstein ayant conduit à faire de l'égalité hommes-femmes la grande cause nationale et le projet de loi sur les « *fake news* » – terme anglais – étant influencé par la manière dont s'était déroulé la campagne présidentielle américaine. Emmanuel Macron, qui a cherché chez Tony Blair, Bill Clinton ou Barack Obama ses modèles, n'en est pas à la première contradiction près puisqu'il n'a pas hésité à inviter Donald Trump, qui représente tout ce que ces gentils démocrates abhorrent, à son premier Quatorze Juillet, sans doute dans l'idée de se poser en premier ami de l'Amérique. Enfin, il n'a pas hésité à violer le droit de la Charte des Nations Unies en bombardant la Syrie sans résolution du conseil de sécurité. Comme Tony Blair en Irak en son temps.

Si l'on devait chercher une inspiration plus précise à la troisième voie macronienne, il faudrait sans doute suivre le sentier de Justin Trudeau, Premier ministre du Canada, un pays absorbé par le monde anglo-saxon mais en partie francophone. Au fil des mois, Trudeau est devenu un partenaire-clé, notamment au G7, d'Emmanuel Macron afin de servir de contrepoids à un Donald Trump de plus en plus irrationnel. Qui se ressemble, s'assemble.

Charismatique et « cool », Trudeau ne cesse de clamer son amour pour le multiculturalisme et la diversité, et n'hésite pas à rappeler ses convictions féministes et son engagement pour les minorités autochtones du Canada. Invité à l'Assemblée nationale pour y prononcer un discours le 17 avril 2018, Trudeau a synthétisé le potentiel idéologique commun de ce progressisme libéral et bariolé, et clairement marqué les convergences des dirigeants franco-canadiens sur ce sujet.

Il a tout d'abord mis l'accent sur son progressisme sociétal revendiqué : « Nous sommes tous perdants lorsque nos citoyens sont exclus, que ce soit en raison de leur sexe, de leurs origines, de leur orientation sexuelle ou de leur identité de genre [...] Nous avons tous deux marqué l'histoire en choisissant un conseil des ministres paritaires. » Ensuite, il a imperceptiblement glissé sur le progressisme écologique en dressant un parallèle entre les politiques énergétiques des deux pays, avec la même logique économique de soutien : « Nous avons choisi de tarifer la pollution causée par le carbone [...] d'abandonner, comme vous, le charbon [...] Mais s'il y a une chose dont la France et le Canada sont conscients, c'est que la lutte contre les changements climatiques doivent être absolument menés à l'échelle mondiale. » Enfin, Trudeau a conclu son discours en plaidant longuement, chiffres à l'appui, pour l'Accord économique et commercial global, qui selon lui, n'oppose pas commerce, progrès social et environnemental.

Là où un homme de Gauche de l'ancien monde se serait limité aux deux premiers points, et un homme de Droite au dernier, Trudeau ose la synthèse car la mondialisation économique va pour lui de pair avec un dépassement des Nations, soit par le haut (enjeux mondiaux), soit par le bas (reconnaissance des individus et des communautés). Et de conclure « Ayons l'audace de bâtir ensemble un monde plus progressiste, plus diversifié, plus vert, plus inclusif, plus ouvert, plus démocratique […] Un monde à notre image. »

Voulons-nous vraiment imiter, à la suite d'Emmanuel Macron, la société canadienne où règne le gentil conformisme de Justin Trudeau ? Le trudeauisme permet de voir ce que donne la société esquissée par Emmanuel Macron, à partir « d'identités ouvertes », de « culture diverse » et de « progressisme libéral ».

Le Canada a décidé en 1971, sous l'impulsion du gouvernement libéral de Pierre Elliott Trudeau, le père de l'actuel Premier ministre, que ce qui le caractériserait ne serait plus sa culture propre, celle de ses peuples fondateurs, mais son ouverture à la diversité. Le multiculturalisme se fait paradoxe. À partir du moment où il n'y a plus une culture d'intégration à la Française, plus un principe qui permet d'arbitrer entre la culture d'accueil, nécessairement prioritaire, et la culture d'origine, la société canadienne est devenue une juxtaposition de cultures toutes aussi légitimes les unes que les autres. Comme l'explique Mathieu Bock-Côté, sociologue québecois, il ne s'agit plus d'intégrer l'immigrant mais pour la société d'accueil « de se reconstruire pour accommoder la diversité[11] ». Le gouvernement Trudeau a entrepris une politique visant à « dégenrer » le langage pour ne pas offusquer les minorités sexuelles, hymne national compris, avec quelques années d'avance sur ce qui se passe en France.

À côté de cela, derrière la communication, comme pour Emmanuel Macron, la réalité est moins belle : les hommes trustent par exemple les ministères les plus importants du gouvernement fédéral, Trudeau soutient l'exportation du gaz de schiste canadien… Le progressisme est à géométrie variable : le respect de la diversité a aussi permis à Justin Trudeau de défendre le port du voile intégral ou la ségrégation homme-femme, ce qui traduit le féminisme dans sa version « intersectionnelle » dont j'ai parlé plus avant dans ce livre, et nous commençons à expérimenter les premières manifestations en France. Il a enfin abouti à des aberrations théoriques, comme l'apparition d'un nouveau

---

11. *Le Figaro*, « Trudeau, le Canada et l'excision : derrière la polémique, le paradoxe du multiculturalisme », 1ᵉʳ août 2017.

concept, celui *d'appropriation culturelle* : ceci se produit lorsqu'un membre d'une communauté « dominante » utilise un élément d'une culture « dominée » pour en tirer profit. Les minorités canadiennes ont progressivement utilisé ce concept d'appropriation culturelle pour stigmatiser, empêchant par là-même l'échange interculturel ou même l'ouverture sur l'autre. Certains chanteurs croyant innocemment ou naïvement faire progresser la cause des minorités en s'habillant avec des costumes traditionnels en ont fait les frais. La chanteuse Madonna, en août 2018, a été sévèrement critiquée par des internautes car elle arborait pour son anniversaire à Marakech un look d'inspiration berbère renommé « Berber Queen ». Quel beau monde de diversité, où chacun est invité à se revêtir de son costume traditionnel (ou tribal) sans rien emprunter à son voisin. Chacun dans sa case, renvoyé à des identités… statiques. La mort du lien social.

Voilà le point d'aboutissement de la troisième voie de Macron : réinventer l'identité française, qui n'est plus une essence mais une démarche, un mouvement vers l'universel en faisant la France la propriété de tous ceux qui parviennent à ses rives, en laissant à chaque génération le soin de définir ce qu'est la France, quitte à lui enlever les attributs de son identité pour la fondre dans un ensemble plus global – un voyage sans retour. Il s'agit de se sacrifier en accouchant d'un peuple européen capable de survivre dans une économie mondialisée. Macron parle même de le faire pour éviter « un suicide politique et historique » :

suicider la France pour empêcher le suicide de l'Europe. Rien ne nous dit que le macronisme ne conduira pas à l'émiettement de l'identité française en une myriade de micro-identités personnelles, ethniques et sociales. La Nation macronienne sera un « *Canada dry* » de la véritable Nation Française.

Chapitre V :

Macron, le faux prophète

Et son nom sera Emmanuel[1]

Il n'est pas très interdit de penser – c'est un euphémisme – qu'Emmanuel Macron a une haute idée de lui, que le macronisme est avant tout, et surtout, un narcissisme. Comment pourrait-il en être autrement, au vu de l'heureux hasard (ou de la baraka) qui a accompagné l'ascension du jeune président. Tel Gontran, le cousin hyper-chanceux de Donald, Emmanuel Macron a semblé accumuler les victoires et les gains. Lorsqu'il contemple la classe politique, il me semble avoir la même attitude qu'un millionnaire du Loto qui aurait gagné dès sa première grille, et qui côtoierait de temps à autre ces bataillons de joueurs de jeux à gratter gagnant dix euros les bonnes semaines : affleure un sentiment instinctif de supériorité par rapport à

---

1. Matthieu, 1:23

ces « besogneux » qui n'ont pas tout compris de la manière dont le monde se meut.

Il serait faux de penser néanmoins que le succès lui soit brusquement monté à la tête. L'ivresse des hauteurs était déjà là, présente bien avant sa réussite fulgurante...

En donnant à son mouvement politique ses propres initiales, Macron a posé dès le départ comme principe qu'il serait l'alpha et l'oméga de la révolution à venir ; que la seule idéologie dont ses troupes auraient besoin, ce serait lui. Ce que de Gaulle n'avait jamais osé faire, refusant à ses partisans d'utiliser son nom, « ne serait-ce que sous la forme d'un adjectif », le plus jeune Président de la Ve République l'a fait, alors même qu'il n'avait de toute évidence pas la même légitimité initiale[2]. Comme Jésus Christ et Kennedy, Emmanuel Macron est désigné par ses initiales, qui semblent marquer le point zéro d'une nouvelle ère. Il en va du Nouveau et de l'Ancien Monde comme du Nouveau et de l'Ancien Testament.

Au fil des interviews, le sentiment de cette immense supériorité échappe parfois à la fausse-modestie qu'il aime généralement mettre en avant, comme dans *le Point*,

---

2. À noter que le Général de Gaulle utilisait plus volontiers l'expression « d'instrument du destin », comme dans ses *Mémoires de guerre*. Le 26 novembre 1944, visitant la cathédrale de Strasbourg alors qu'un violent bombardement allemand tue sur le parvis, de Gaulle sort de l'édifice en disant : « J'ai une mission providentielle à remplir, et je pense qu'il ne m'arrivera rien... Et s'il devait m'arriver quelque chose,... c'est que je me serais trompé ! »

en septembre 2017 lorsqu'il affirme vouloir « renouer avec l'héroïsme politique », formule grandiloquente.

Pour ses troupes, l'exploit de 2017 est vu comme la manifestation d'un destin hors de commun : sa stratégie du seul contre tous, son sens du tempo politique, ses « coups » (comme l'alliance avec François Bayrou ou la nomination d'Édouard Philippe) semblent être le fruit *a posteriori* d'une intelligence supérieure. Les reportages sur les coulisses de sa victoire montrent un homme qui ne doute jamais. Ses équipes laissent parfois filtrer des détails qui renforcent cette curiosité : voilà qu'on rapporte que le président ne dort que quatre heures par nuit, et c'est immédiatement l'ombre de Napoléon Bonaparte qui plane, comme pour mieux instiller l'idée qu'Emmanuel Macron appartiendrait à cette catégorie de « surhommes » providentiels que la France aime célébrer.

Pour le commun des mortels, Emmanuel Macron, en triomphant aisément des obstacles sur sa route, s'est doté d'une aura quasi mystique. À défaut de comprendre la nature intellectuelle du macronisme (la « pensée complexe »), Emmanuel Macron génère donc de la fascination. Cet homme semble savoir où il va, et son magnétisme personnel fait le reste : en Chine, on dirait qu'il a « le mandat du ciel ».

Clément Viktorovitch, docteur en sciences politiques, relève ainsi que sous la modestie initiale perce rapidement un orgueil disproportionné, Macron se comparant implicitement à Louis XIV, puis affirmant assumer « une part de transcendance[3] ». Ce mot de transcendance n'est pas anodin et devrait nous interpeller. La transcendance, en religion, est un attribut de Dieu (au-delà du perceptible et de l'intelligible). Emmanuel Macron l'a utilisé à plusieurs reprises, comme dans son entretien littéraire avec Jérôme Garcin dans *l'Obs* « La fonction présidentielle réclame de l'esthétique et de la transcendance[4] ». Autrement dit, Macron s'attribue ni plus ni moins qu'une part d'attribut divin.

Evidemment, parfois il fait machine arrière. Au *JDD*, il déclare ainsi crânement : « La dimension christique, je ne la renie pas ; je ne la revendique pas », puis dans la foulée, comme pour nuancer, « je ne cherche pas à être un prédicateur christique ». Qu'est-ce que cela aurait été s'il l'avait cherché ! Reste que l'expérience n'a de collective que le nom : christique ou non, la relation entre gourou et disciples, n'est qu'une autre manière que de se mettre en valeur.

Ses proches ont choisi de revendiquer, au lieu de le dissimuler, ce vertige macronien, par exemple en affirmant que « le mysticisme est au cœur du macronisme[5] ».

---

3. Clément VIKTOROVITCH, *Le Point*, « Macron, le héros masqué », 1er septembre 2017.
4. *L'Obs*, 15 février 2017.
5. *JDD*, 12 Février 2017.

Le mysticisme, rappelons-le, est une attitude philosophique ou religieuse fondée davantage sur le sentiment et l'intuition que la connaissance rationnelle. Étrange affirmation donc de faire du macronisme un mysticisme : la politique parle à la raison du citoyen, éventuellement à son cœur, mais pas à l'âme.

Il ne s'agit pas seulement d'une spiritualité personnelle, comme pour François Mitterrand et ses forces de l'esprit, ou la foi intime d'un Charles de Gaulle, mais plutôt d'un mysticisme *collectif*. À Versailles, le 10 décembre 2016, Emmanuel Macron veut ainsi rassurer les marcheurs : son aventure n'est pas une aventure solitaire. Il entend communiquer à ses marcheurs sa flamme d'espérance : son discours se terminera dans un final exalté d'un Emmanuel Macron envoyant ses troupes prêcher la bonne parole.

Je n'exagère donc pas lorsque j'ai choisi de présenter Emmanuel Macron comme un prophète, tour à tour Jonas, Moïse ou Jésus. Le macronisme n'est pas une démarche intellectuelle, mais une croyance, une foi. Il lui manque la modération, la lutte contre l'hurbris.

Voilà pourquoi, le macronisme est resté en l'état une aventure solitaire. Nul ne peut se hisser au niveau de l'Olympe : aucun demi-dieu, pas même de héros n'existe à coté de Jupiter. Tous reconnaissent que leur chef évolue dans une dimension supérieure, qui leur est inaccessible. Le macronisme n'a pas, comme n'importe quelle idéologie, créé des écoles, des théoriciens ou même des barons qui réfléchiraient et sécréteraient des courants. Il n'y a pas, comme sous de Gaulle, d'affrontement entre des gaullistes « de Gauche », des pompidoliens et des gaullistes plus classiques, par exemple. Il ne peut pas y en avoir car là encore, seul Emmanuel Macron peut dire ce qui est bon ou mauvais, pur ou impur. On ne peut être qu'avec lui, ou contre lui.

Si le macronisme est moins une idéologie stérile, en ce sens qu'elle n'insémine pas véritablement un débat de fond, qu'une croyance, c'est sans doute parce qu'au fond de lui, le macronisme n'est taillé que pour un seul homme : son auteur lui-même. Le macronisme est tout entier dévolu à l'amour d'une seule personne, clé de voûte d'un vaste mouvement populaire. Dès lors, sa plasticité est exceptionnelle. Il n'a pas d'autre identité que la narration de son propre chemin vers le succès. Voilà pourquoi, tout ce qu'Emmanuel Macron dit ou fait reste foncièrement soumis à ses propres intérêts personnels, ce qui lui permet d'affirmer avec la même sincérité des choses parfaitement contradictoires.

Le même président peut expliquer simultanément, en 2017, que « si les Français forment un peuple, ce n'est pas parce qu'ils partagent une identité figée rabougrie », puis en août 2018 ramener les Français à une identité « gauloise » qui à travers les âges les empêcheraient d'accepter les réformes. Puis, voilà qu'Emmanuel Macron, à l'approche des élections européennes, se met à croire au déterminisme culturel dans son discours fait aux ambassadeurs, pour mieux fustiger « ceux qui croyaient à l'avènement d'un peuple mondialisé (qui) se sont profondément trompés. Partout dans le monde, l'identité profonde des peuples est revenue. Au fond, c'est une bonne chose[6]. » Lui qui est le héraut du multiculturalisme n'hésite pas dans un discours au Danemark à figer la culture danoise dans son héritage luthérien (comme si le fait de croire en la virginité de la Vierge conditionnait l'attitude par rapport aux réformes?), tout en refusant obstinément de reconnaître les racines judéo-chrétiennes de la France. Et, comme si ces affirmations contraires ne suffisaient pas, après avoir expliqué tout cela, il prétend que « le vrai Danois n'existe pas, il est déjà Européen. »

Cet homme est un caméléon du verbe.

Emmanuel Macron prêche donc au collectif, mais ne parle finalement qu'à lui. Lorsqu'Emmanuel Macron parle d'un chemin d'émancipation, il parle de lui. Il le résume ainsi dans son discours de candidature de Bobigny, en novembre 2016 : « J'ai fait le chemin de la province à Paris, du monde de l'entreprise à la vie publique puis à la vie politique. »

---

6. Discours à la conférence des ambassadeurs, 27 août 2018.

Lorsqu'il parle de briser les tabous sociaux, le jeune provincial mis au ban de la bonne société amiénoise pour avoir aimé son professeur plus âgé, il parle encore de lui. Lorsqu'il vante les mérites de la réussite matérielle, il parle encore et toujours de lui, qui fut millionnaire très jeune grâce à ses indéniables talents de négociateur.

Mais qui peut s'identifier à lui ? Personne, mis à part une petite élite sûre de son talent. Son parcours marital, politique et professionnel est tout sauf ordinaire. Voilà un homme très entouré, mais finalement très mystérieux. Qu'est ce qui l'affecte, le motive ou suscite en lui des sentiments, on ne sait pas : ses yeux fixes démentent son humour ravageur, et Emmanuel Macron reste inaccessible.

Son verbe qui résonne n'est que l'écho de son propre succès. Lorsqu'il crie à ses partisans « qu'il les aime », on quitte le terrain de la politique, mais on s'interroge si, comme le chanteur, Emmanuel Macron ne s'aime pas *à travers eux*. Même lorsqu'à Bobigny, son appel prend des allures bibliques : « J'en appelle aujourd'hui à toutes les femmes et les hommes de bonne volonté [...] à toutes celles et ceux qui ne veulent pas simplement guetter dans la pénombre une lueur d'espérance[7] », plagiant ainsi l'Évangile de Luc, sa cible prioritaire reste *lui-même*, le seul donneur d'espérance.

---

7. « Paix aux hommes de bonne volonté », Luc, 2 : 14 ; « Pour éclairer ceux qui sont assis dans les ténèbres et dans l'ombre de la mort », Luc, 1 : 79.

La portée « messianique » du discours d'Emmanuel Macron n'est pas une vue de l'esprit : dès ses débuts en politique, le futur président se croit investi d'un destin particulier. Il suffit de relire le discours sur Jeanne d'Arc qu'il avait prononcé, alors qu'il n'était encore que ministre d'un gouvernement de Gauche. Il ne s'agissait pas de faire de la politique en l'arrachant au Front National, ou de faire état de ses modèles comme l'avait pu faire de Gaulle[8], mais de parler... de lui-même. « Comme une flèche [...] sa trajectoire nette, Jeanne fend le système, elle brusque l'injustice qui devait l'enfermer. » « Elle était un rêve fou, elle s'impose comme une évidence. »

Macron est Jupiter fait homme, venu libérer la France des chaînes de son identité trop lourde à assumer, de ses conservatismes rentiers, de son nationalisme cocardier. En Corse, lyrique, il s'emporte : « Nous sommes les patriotes qui aiment justement les uns et les autres ». Comme Emmanuel nous a aimés ? Son peuple élu est celui de ceux qui réussissent à s'affranchir de leur identité pour s'élever matériellement. Il ne manque dans ses discours que la citation d'Ésaïe 7:14 – « C'est pourquoi le Seigneur lui-même vous donnera un signe, Voici que la jeune fille deviendra enceinte, elle enfantera un fils, Et elle le lui donnera le nom d'Emmanuel », ce que Matthieu 1:23 traduit « Dieu avec nous ».

---

8. « Il faut garder confiance. Nous avons eu Jeanne d'Arc, Clémenceau. Il y aura quelqu'un, un jour, civil ou militaire, pour leur succéder ». Citation de De Gaulle par Michel TAURIAC, *De Gaulle avant de Gaulle*, Plon.

Lorsqu'il explique à Orléans que

> dans cette France déchirée, coupée en deux […] elle (Jeanne d'Arc) a su rassembler la France pour la défendre, dans un mouvement que rien n'imposait […] Et alors même que la France n'y croyait pas, se divisait contre elle-même, elle a eu l'intuition de son unité, de son rassemblement,

comment ne pas faire le parallèle avec son interview dans *Challenges*, où il déclarait

> Il est indispensable de trouver les chemins de la réconciliation des deux France : celle qui vit la mondialisation et les grandes transformations à l'œuvre comme une chance et celle qui en a peur ; la France des nomades heureux et la France des sédentaires qui subissent.

Il semblerait que cette croyance messianique soit un attribut de ce courant social-libéral idéaliste. Sans remonter au grand ancien, le président Woodrow Wilson, illustration vivante du moralisme laïc, on peut citer à nouveau Tony Blair. L'ancien chef de cabinet du Premier Ministre britannique, Jonathan Powell, avait indiqué que celui-ci pensait que sa présence était essentielle à des moments clés de l'histoire mondiale, ce qu'il avait appelé « le complexe de Jésus », comme si sa présence personnelle pouvait résoudre les problèmes les plus graves[9]. Si Tony Blair, dont on a

---

9. *The Independent*, "Blair had a Jesus complex, says his former chief of staff", 23 mars 2008.

vu que le contenu idéologique était assez proche de celui d'Emmanuel Macron, se prenait pour Jésus[10], Emmanuel Macron, lui, a le « syndrome de Jeanne d'Arc », contrairement au général de Gaulle[11]. Il est en quelque sorte une Ségolène Royal qui aurait réussi à gagner la présidentielle.

Qu'un homme politique puisse se voir ainsi, c'est en soi quelque peu perturbant au plan cognitif, mais cela s'explique par l'incroyable succession de « coups de bol » qui ont émaillé la trajectoire ascendante du météore. Il partage sur ce point un trait similaire avec la trajectoire éclair de Maximilien de Robespierre, qui, comme le note Marcel Gauchet, tirait sa force intérieure de sa conviction narcissique d'incarner le peuple à lui tout seul[12] et se posait en « saint laïque ». À la différence que Macron n'est pas le Christ de la démocratie, mais celui de l'élite. Ce n'est pas le « bas-peuple », comme pour Robespierre, qui incarne la vertu, mais les gagnants du système. Emmanuel Macron qui aime tant l'Histoire devrait se souvenir *in fine* que tous les messies et les prophètes, s'ils marquent leur empreinte très jeunes, ne vivent pas tous centenaires. *A fortiori* lorsqu'ils sont de faux prophètes et que l'exaltation dissimule mal l'impasse dans laquelle ils conduisent un peuple ou un pays.

---

10. *Le Point*, « Tony Blair, du firmament à l'opprobre », 6 juillet 2016.
11. Vernon Walters dans *Silent Missions*, p. 489, rapporte ces propos « Roosevelt pensait que je me prenais pour Jeanne d'Arc. Il se trompait : je me prenais simplement pour le général de Gaulle. »
12. *Le Figaro littéraire*, 18 octobre 2018.

La colère des Gilets jaunes, pressés de le tirer hors de son Olympe, a suffi à la montrer.

Est-il venu prêcher pour tout le peuple ?

La crise des Gilets jaunes a été pour moi un véritable déchirement, car une « guerre civile sociale » s'est déroulée sous nos yeux.

De 2012 à 2017, la colère populaire contre les politiques, les élites, bref « le système » était montée, lentement mais sûrement. Mon livre *Salaud d'Élu*[13] l'avait d'ailleurs explicitée. Lorsqu'Emmanuel Macron parut, cette rage contre les « politichiens » se mua en grand espoir. Ce fut le grand dégagisme et En Marche balaya tout sur son passage. Adieu, les têtes trop anciennes : bienvenue à la régénération citoyenne, une nouvelle classe politique issue de la société civile qui allait (enfin) incarner une nouvelle manière de faire de la politique.

Combien d'entre vous sont tombés dans le panneau, votant à l'aveuglette pour un parfait inconnu en participant au grand jeu de massacre ? J'ai moi-même failli en être victime aux législatives de 2017. L'illusion n'a cependant duré qu'un temps.

---

13. Éditions Cent Mille Milliards, 2016.

L'autre France, celle qui ne se sentait pas forcément représentée par ces CSP + urbains et éloignés du terrain, s'est alors levée. Les Gilets jaunes ont alors expliqué qu'il fallait balayer tout cela, changer les hommes et les pratiques, bref à peu près ce que promettait En Marche mais « par en bas ». Au passage, tous les partis traditionnels furent mis dans le même sac : on pouvait s'en passer, ils étaient par essence corrompus.

Les premiers émois furent porteurs. Pas de chef, une vraie camaraderie, pas d'arrière-pensées. Tous unis derrière le RIC et le pouvoir d'achat, comme autrefois tous unis derrière Macron. J'ai eu beaucoup de sympathie pour ce mouvement hétéroclite car c'était une jacquerie spontanée rappelant au Président qu'il y avait sur ces terres un vieux peuple qui ne voulait pas mourir.

Bien malgré eux, les Gilets jaunes ont cependant redécouvert le chemin tortueux qui mène à la démocratie. Les mêmes causes engendrent les mêmes résultats. L'ignorance de l'Histoire nous conduit inéluctablement à la revivre. On peut le déplorer mais nos prédécesseurs ont déjà testé beaucoup de régimes et d'idées. Bref, en deux mois, les Gilets jaunes ont vécu en accéléré les contradictions inhérentes de la démocratie, le pire des régimes à l'exception de tous les autres.

Alors qu'ils se proclamaient apolitiques, ils ont bien dû se rendre à l'évidence qu'ils étaient travaillés par des clivages bien réels. Comme pendant la Révolution, les Gilets jaunes se sont scindés entre modérés, radicaux et extrémistes, sans qu'une organisation puisse émerger de cette masse d'individus-molécules. Il y avait ceux qui voulaient obtenir des mesures sociales de la part du pouvoir, ceux qui voulaient un changement de pouvoir, ceux qui ne voulaient plus de pouvoir du tout.

Finalement, les Gilets jaunes n'ont pas trouvé « leur » prophète. Lentement, on a vu apparaître des chapelles, des exclusions, des leaders : une course à l'échalote s'est mise en place entre égos pour récupérer vite une place éligible aux Européennes, et le courant s'est divisé entre Gilets jaunes libres, citoyens, citrons, RIC… Tout ceci sur fond de pressions, de menaces, d'intimidations. Il est beau le « nouveau Nouveau Monde ».

On a vu apparaître des divisions entre chefs proches de LREM (Levavasseur), porte-parole proches de la Droite (Cauchy), leaders plutôt anarchistes (Maxime « Fly Rider » Nicolle), etc. D'ailleurs le terme de « leaders » est impropre : faute d'avoir recours au vote, les Gilets jaunes se sont condamnés à remettre à d'autres mains le processus de légitimation de leurs représentants. Le gouvernement a cherché à désigner – par pur utilitarisme – des interlocuteurs (donc des chefs), bien mal lui en a pris. Le mouvement ne pouvait trouver légitimes les représentants choisis par le pouvoir honni, et donc sitôt désigné, tel ou tel Gilet jaune s'est retrouvé hué ou menacé par les autres : qui t'a fait roi ?

Ce sont surtout les médias qui ont fait le tri, en « ennoblissant » tel ou tel. « Vu à la télé », donc légitime. Rien de neuf sur ce point : Thiers comme Marat contrôlaient la presse « libre »… Depuis 1789, le schéma des émeutes populaires est toujours le même : la légitimité acquise sur une barricade ou (en version moderne) un rond-point permet d'accéder au pouvoir, mais ne suffit pas. Comme Talleyrand en 1789, ou Thiers en 1830, Cohn-Bendit est né au monde en « révolutionnaire » mais a ensuite, une fois ennobli par le système, fait carrière. Certains de ses petits concurrents de 1968 ont disparu dans les limbes. Pas lui.

Reste qu'à la fin, on en revient encore et toujours à cette démocratie tant décriée : il faut des chefs, il faut bien voter pour les départager. Sans chefs, l'anarchie s'installe car on ne discute pas à soixante-sept millions des milliers de décisions.

Le mouvement des Gilets jaunes a été un volcan actif et sa lave brûlante a tracé des sillons dans le roc de notre époque contemporaine. Ses acteurs seront capables d'expliquer dans dix ou vingt ans le pourquoi du comment. Je formule le souhait que tous ceux qui se sont passionnés pour ce soulèvement fasse le rapprochement avec les institutions actuelles. La démocratie actuelle est le résultat de multiples explosions volcaniques passées, mais la lave paraît bien froide et durcie. Certains ne comprennent plus le pourquoi des députés, des sénateurs, voire des élus alors que nous sommes tout simplement les héritiers du « volcanisme » de nos glorieux aînés.

Ceci démontre bien que la solution de la régénération démocratique ne saurait s'appuyer sur un mouvement ou un slogan. Ce qui est important, ce sont les hommes et les femmes, leur déontologie, leurs principes. Être « du bas » ne vous sanctifie pas plus par essence que « d'être du haut ». Tout ceci sont des simplifications moralisantes complètement fausses. Il y a des gens de l'élite droits, comme il y a des gens de la base malhonnêtes et ce depuis que le monde est monde.

Il ne suffit pas de se faire « marcheur », « frontiste » ou « Gilet jaune » pour changer.

Il ne suffit pas qu'un prophète au visage agréable et à la parole millimétrée surgisse du néant pour que ce soit un bon chef. Cela vaut pour Macron, comme cela vaudrait pour Marion Le Pen, que la droite hors-les-murs voit comme sa nouvelle Jeanne d'Arc. De la même manière qu'on a paré le jeune Macron de toutes les vertus, en jugeant sur sa bonne mine, d'autres sont prêts à revivre le même scénario en bombardant à la tête du pays une prophétesse de l'autre France, sans expérience mais culottée.

Je suis bien content de m'en tenir à la même ligne depuis 2012. Comme disait de Gaulle, la seule querelle qui vaille est celle de l'Homme. En politique, les sirènes des beaux discours et des mouvements d'émotion collective empêchent d'engager la vraie refondation. J'en appelle cependant à un sursaut de rationalité. Il est urgent de s'en apercevoir avant de livrer sur un coup de tête à un inconnu dangereux les clés de notre avenir.

Rome ne s'est pas faite en un jour, et même si Romulus a eu la peau de Remus, ce n'est pas ce meurtre qui a fait de Rome ce qu'elle est aujourd'hui.

Le faux prophète : le réel, le temps et la terre

Voilà pourquoi, alors que j'achève ce livre, les raisons qui font qu'Emmanuel Macron a bel et bien été un « faux-prophète » : il ne parlait pas à un peuple, mais à lui-même au travers des « atomes d'un peuple ». Il parlait à une myriade d'individus, qui ne sont pas un peuple. Or son rapport au réel, au temps et à la terre, est très éloigné du commun des mortels.

Grand prêtre du symbole, auto-fasciné par sa parole et son destin, Emmanuel Macron ne voit le réel qu'au prisme de sa propre expérience, et entretient donc un rapport très biaisé à la réalité. Emmanuel Macron décrit le réel comme il le projette, avec toute la force de sa conviction, plutôt qu'il ne tente de le modifier. Le macronisme est superficiel parce qu'il a tendance à pratiquer la méthode Coué. 1 % de réforme, 99 % de communication.

S'il faut reconnaître que l'image de la France a changé à l'international, rassurant les investisseurs internationaux, les fondamentaux, eux, ne sont guère brillants : un taux de croissance deux fois inférieur à la moyenne de la zone euro ; le record mondial de dépenses publiques (57 % du PIB), qui ont augmenté de 0,8 % en 2018, soit exactement à la même ampleur que sous Hollande ; le record européen des prélèvements obligatoires (45,4 % du PIB), franchi en 2017 ; un déficit extérieur qui s'est dégradé, une dette qui va passer le cap des 100 % du PIB. Faute d'agir sur le réel, Macron multiplie les imprécations symboliques pour se rassurer et gagner « la bataille du sens de l'Histoire ».

Malheureusement, rassembler en excluant une partie du pays est un exercice impossible. Rassembler en jouant sur les mots est une victoire de courte durée. Rassembler des forces contradictoires l'est aussi. Le verbe est habile, mais lorsqu'il en vient à faire dire à des mots l'inverse de leur signification (souveraineté européenne, identité en métamorphose etc.) il perd pied. Lorsque les actions sont en contradiction avec le verbe, la communication finit toujours par s'effondrer, comme l'ont démontré les impatiences de Stéphane Bern ou le dépit de Nicolas Hulot. Chez Macron, bien qu'il soit né de la cuisse de Jupiter, le *Verbe* ne se fait pas toujours chair. Au fil du temps, son discours ne pourra que sembler de plus en plus en décalage avec une France malmenée par des réformes calibrées par des hyper-urbains CSP + pour des hyper-urbains CSP +. Les symboles permettent de redonner du sens, mais qu'à condition qu'ils soient les prémisses d'une révolution dans les actes. Emmanuel Macron a beaucoup parlé, mais trop peu agi.

Apôtre de la mobilité et de l'adaptation permanente, Emmanuel Macron ne conçoit le temps que sous forme de l'immédiateté, de l'accélération, de l'optimisation, à rebours d'une vision longue de l'Histoire, de son glorieux passé ou de son avenir. Ma conviction est que Macron n'aime pas le passé, surfe sur l'instant présent et adore se projeter. Son passé serait-il une blessure psychologique ? Nul ne le sait. Reste qu'il est une excellente incarnation de ce que le philosophe Zygmunt Bauman appelle « la société liquide » : la modernité se caractérise par le flux incessant de la mobilité et de la vitesse, tendue par le désir de satisfaire son plaisir individuel. Notre société « en état de liquéfaction avancée » voit les relations humaines se flexibiliser plutôt que s'établir dans la durée. On rompt par SMS, on licencie par mail, on ne connaît plus son voisin. L'approche macronienne, néo-libérale, de la vie le conduit à un court-termisme exacerbé. Il fait abstraction des réalités sociales, humaines et concrètes, du caractère irréductible de l'Humain à toute forme de modélisation mathématique. Le temps des Hommes n'est pas celui de la théorie économique, et les Français ne sont pas des entités substituables. Il ne peut pas donner de cap, expliquer la France qu'il désire pour dans dix, vingt ou trente ans, parce qu'il est le prophète de l'immédiat et du marché.

Prophète du « Tout-Monde », Emmanuel Macron a un rapport enfin très compliqué avec la terre. J'inclus ici la notion de racine, de frontière, de peuple ou de Nation, ou même de propriété. Emmanuel Macron croit en la métamorphose, veut arracher ce beau pays aux lourdeurs du repli, et il ne sait que faire de ces gens qui s'entêtent à clamer leur amour à leur bout de territoire, parce qu'il imagine le monde de demain, pétri de mobilité et de fraternité face à des défis mondiaux.

Le macronisme est même une idéologie dangereuse, car il est prêt à sacrifier l'essentiel – l'État-Nation – pour un supposé bonheur individuel. Côté Nation, il pèche en n'offrant aucun horizon collectif à la communauté nationale, et compense en laissant la bride à toutes les identités concurrentes, au risque de disloquer la société française. Obsédé par une lecture micro-économique de l'Histoire, il en vient à encourager une explosion de formes, de couleurs, d'identités, de parcours, de diversité dans l'espoir de faire émerger une « société-monde créolisée ». Ce progressisme des minorités est une bombe à fragmentation qui entraîne une déliaison généralisée des sociétés en déstructurant les identités et en créant un multiculturalisme qui est totalement incompatible avec l'esprit de la République, une et indivisible, méritocratique. De manière plus inquiétante, il réveille dans les sociétés occidentales un racialisme d'Extrême-Droite qui préfère parler de la « civilisation chrétienne » pour désigner en fait « la terre de l'homme blanc », plutôt que de Nation.

Côté État, Emmanuel Macron commet l'erreur d'affaiblir les éléments de péréquation, de solidarité, de cohésion au travers d'un État jugé dépassé parce qu'elle promet un lendemain heureux à chacun, en transposant son histoire sur la totalité des Français. Comment prévenir le décrochage des territoires périphériques si l'économisme conduit à tuer les services publics de transport, de soin ou d'emploi ? Comment empêcher l'élargissement de la faille entre les gagnants et les perdants si le politique renonce implicitement à taxer le capital au prétexte qu'il est hors d'atteinte, comprime les dépenses de solidarité au nom de la performance et déconstruit les cadres préexistants pour exacerber la compétition ? Comment redonner foi en la démocratie nationale si l'on continue à accélérer les transferts de souveraineté vers une Europe post-démocratique impotente en voulant créer de toutes pièces un peuple européen ?

Au lieu de rassurer, Emmanuel Macron ne peut donc que générer de l'insécurité culturelle, sociale et économique, alors que la France a, bien au contraire, aujourd'hui besoin de repères. Elle a besoin d'avoir une capacité d'intégration forte, ce qui suppose de défendre notre culture, notre langue, notre civilisation au lieu de faire de la tour de Babel le *nec plus ultra* de la vie collective. Macron est le président de l'immédiat, de la globalisation, de la main invisible, un rôle qui ne peut pas lui permettre de penser l'avenir et de protéger la Nation française, car il catalyse toutes les peurs d'un peuple qui trouve que le monde tourne trop vite.

Son attitude par rapport au temps, au réel et à la terre, le conduit très logiquement à une relation à l'Homme qui n'est pas saine. Le progressisme macronien n'a rien à proposer à l'individu coupé de toute socialisation sinon le bonheur matérialiste au nom du soi-disant progrès. Il n'a aucune approche morale ou même éthique de ce dernier, et aucune transcendance pour le coup à lui apporter. Comme l'explique Jenny Langevin[14] :

> Il est rare que les intellectuels fassent de bon gré le lien entre les idéologies dites progressistes et le triomphe du marché tout puissant […] Or, aujourd'hui […] les lubies progressistes de déconstruction des identités, des nations, des genres créent un vacuum sociétal dans lequel s'installe un marché toujours plus envahissant et régulateur du lien entre les individus.

Dans une époque marquée par le déclin, la libération de l'énergie ne doit pas et ne peut pas se limiter à une seule compétition de tous contre tous, car les plus faibles n'y survivront pas. Or, l'Homme est le véritable enjeu du politique : il n'est pas de se retrouver du côté des gagnants, mais de celui des perdants, pour comprendre leurs doutes et leurs craintes.

Plus gourou que prophète, Emmanuel Macron est un homme convaincu qu'il a en lui la solution et capable de dire tout et son contraire pour en convaincre les Français :

---
14. *Causeur*, « Canada : adieu "madame", "monsieur", "père", "mère" ! », 24 mars 2018

c'est ce qui le rend d'autant plus dangereux. Aucun contre-pouvoir n'existe dans la Macronie, et en cas d'erreur, lui seul aura la main sur le frein et la marche arrière. Or, il ne fait qu'emprunter un chemin idéologique déjà arpenté avant lui, en Grande-Bretagne, aux Etats-Unis, au Canada.

Il me fait penser à un sportif de l'extrême qui tendrait la main à chacun d'entre nous en proposant d'expérimenter les formidables sensations que procure son activité à haut-risque et en expliquant qu'il suffit de libérer son énergie et son talent pour s'arracher au plancher des vaches. Malgré le magnétisme du champion qui semble l'envelopper, tout individu un peu raisonnable se demande si sauter sans parachute sans entraînement est vraiment bon pour sa santé…

Chapitre VI :

Oser la France

> « *Un jour, peut-être, il y aura de nouveau un élan national. Je voudrais qu'il prenne appui sur ce que j'ai tenté, c'est pourquoi j'écris.* »
> Charles DE GAULLE[1]

Les signes du ciel

Lorsque ce joyau patrimonial et religieux qu'est Notre-Dame-de-Paris s'est embrasé sous leurs yeux le 15 avril 2019, les Français ont assisté, le cœur serré, à un incendie ravageur qui les a touchés profondément. Certains y ont vu, superstitieux, une forme de désaveu pour le prophète Macron, au moment où celui-ci devait prononcer l'allocution la plus importante de son quinquennat. D'autres se sont gaussés de l'élan national, déplorant qu'il n'y ait pas

---
1. Bernard Tricot, *Mémoires*.

la même solidarité lorsque les vies humaines sont en jeu. La générosité est sélective, j'en conviens.

Mais l'essentiel est ailleurs : le 15 avril 2019 restera une sombre date, celle d'une incroyable catastrophe patrimoniale : plus que des pierres, l'âme de ce pays a été blessée. Et Emmanuel Macron, tout *quaker* qu'il prétende être, ne l'a pas compris. Après une intervention le soir de l'incendie, pleine d'émotion, son idéologie progressiste a repris le dessus.

Le lendemain de l'incendie, le Président de la République s'est exprimé solennellement dans une allocution de six minutes. À aucun moment le mot « catholique » ou « chrétien » n'a été prononcé. La volonté d'effacer la référence à la matrice culturelle nationale est palpable. D'autant qu'à aucun moment, il ne condamne ceux qui ont tenu des propos révoltants sur l'incendie, qu'il s'agisse de cadres de l'UNEF ou de musulmans peu charitables. *#pasdevague*.

Au contraire, sa seule priorité affichée ce soir-là, alors que l'édifice qui a 800 ans n'est pas encore stabilisé, est de se projeter dans l'avenir, de reconstruire la charpente en cinq ans. On a ici une illustration de ce que j'expliquais dans le chapitre précédent sur la relation au temps : nier le passé, surfer rapidement sur le présent, pour aborder le futur identifié au progrès. Le président présente cette promesse quinquennale comme un acte volontariste pour donner de l'espoir « à la petite dame qui vit en face de revoir Notre-Dame rebâtie de son vivant ». La belle affaire, si la reconstruction est bâclée.

La réalité est toute autre : Macron pense Jeux Olympiques en 2024, Macron pense second quinquennat en 2022 et à la grande inauguration triomphale avec sa « patte » sur l'édifice. Dès le surlendemain, on comprend que ce serait l'occasion, à travers un grand concours d'architecte international, de moderniser l'architecture de cette vieille dame médiévale : Emmanuel Macron veut sa flèche, comme d'autres ont eu leur pyramide. Jésus se donnait 3 jours pour reconstruire le temple, Emmanuel se donne 5 ans.

Le macronisme est là, dans sa quintessence amnésique : glisser sur les racines pour immédiatement universaliser Notre-Dame, en faisant d'elle non plus un édifice religieux mais un temple-monde, un bien de l'Humanité. Et pourtant, l'émotion collective que cet incendie a suscitée est le désaveu le plus clair du discours macronien des origines, celui qui nie l'Histoire et la culture nationale au profit de l'universel et d'un progrès déifié.

Être Français, ça n'est pas seulement habiter le temps d'une vie sur un territoire en forme d'hexagone, mais être un héritier, c'est à dire à la hauteur des responsabilités de deux millénaires d'Histoire. Nous ne sommes pas les descendants génétiques mais spirituels de Sully, Colbert, Richelieu, Napoléon, Voltaire ou Ronsard. Ils ont tous bâti de leurs mains, chacun à leur niveau et dans leur domaine, un objet singulier qui est la France, pays qui n'est rien sans grandeur, c'est à dire sans vision de l'Histoire, à commencer par la sienne.

Notre-Dame est de ce point de vue là un double symbole.

C'est tout d'abord le cœur battant de deux millénaires de chrétienté. Dans une époque déchristianisée et minée par le multiculturalisme, les croyants de ce pays ont ressenti l'effondrement d'une partie de l'édifice, alors que la Semaine Sainte débutait, comme une véritable amputation. Dieu aurait-il fini par s'exaspérer des reniements de la France ? J'ai vu des catholiques prier Notre-Dame, en suppliant la Vierge, sainte Patronne de la France, de sauver l'édifice, de ne pas les abandonner. Ils ont été entendus.

Notre-Dame, c'est aussi beaucoup plus, c'est quelque chose de Beau et de Grand qui s'est écroulé dans la nuit. « Chaque face, chaque pierre du véritable monument est une page non seulement de l'histoire du pays, mais encore de l'histoire de la science et de l'art. » dit, dans Notre-Dame de Paris, Victor Hugo, ce grand Républicain. Sur la façade de Notre-Dame l'histoire de l'Ancien testament se déroule mais dans ses entrailles et sur son parvis, c'est le récit ouvert de l'Histoire nationale qui s'étale, les pages rouges de la Révolution comme les pages glorieuses de la Libération. Un lieu de recueillement de toutes les mémoires.

De la même manière que le chef d'œuvre de Notre-Dame-de-Paris est le résultat de plusieurs générations d'artisans, la France n'a pas d'architecte principal, elle est une œuvre collective. Pouvons-nous regarder en face ceux qui nous ont précédés et leur dire que nous avons capitulé, et tout liquidé, car nous n'étions pas prêts à nous battre pour sauvegarder notre patrimoine politique, culturel et intellectuel ?

Tous les Français, chrétiens ou non, ont assisté avec rage et impuissance à la destruction d'une partie de leur Histoire. Ce patrimoine, nous en sommes responsables *indivis* : huit siècles que cet édifice surnage au milieu des tempêtes de l'Histoire et nous, nous avons été incapables de la protéger. Cette volatilisation tragique est pire qu'un bombardement car il n'y a aucun Ennemi à blâmer : juste nous-mêmes.

Nous avons eu honte. Nous sommes des imbéciles avec notre soi-disant supériorité technologique et notre foi dans les normes. L'apôtre du Progrès, lui, n'a pas souhaité s'étendre, on le comprend, sur ce fiasco.

Lorsque la flèche s'est effondrée dans les flammes, j'ai eu un pincement de cœur, une immense tristesse, et j'ai repensé aux phrases de Bloch : « Il est deux catégories de Français qui ne comprendront jamais l'histoire de France : ceux qui refusent de vibrer au souvenir du sacre de Reims ; ceux qui lisent sans émotion le récit de la fête de la Fédération. »

Notre union sacrée dans cette épreuve difficile a démontré que notre relation à notre culture est bien plus complexe que ce que certaines théories déconstructivistes ont pu avancer. La bonne nouvelle est que la France vit encore.

La fin du progressisme et le retour de la Nation et du politique

En réalité, Emmanuel Macron s'appuie sur trois axiomes qui sont des erreurs majeures : Il ne croit plus en la Nation, tout en prétendant l'incarner ;

il ne croit plus au politique, tout en affirmant le gouverner ;

il place le progrès dans l'affirmation de droits individuels et accélère ainsi la dissolution du collectif.

De ce point de vue-là, le « progressisme » est comme une boussole inversée : il suffit d'aller dans la direction inverse de celle qu'il indique.

Considérer que la mondialisation est un phénomène inéluctable, qu'elle irait « dans le sens de l'Histoire », est une erreur philosophiquement condamnable car elle enlève à l'humanité le droit de décider de son avenir. L'Histoire n'a d'autre sens que celle que les hommes veulent lui donner. C'est cela la politique : la capacité de choisir, par le vote libre, son destin. C'est cela la souveraineté : le faire indépendamment des contraintes.

La mondialisation n'est pas un phénomène naturel, né spontanément d'un enchaînement de circonstances, mais la conséquence de choix politiques. Sous l'influence des économistes américains, une partie des pays industrialisés se sont convertis au libre-échangisme et ont consenti à donner à des banques indépendantes le contrôle de la monnaie, tout en laissant les acteurs financiers – les banques commerciales – créer leur propre masse monétaire. Il en a résulté un afflux de liquidités, une intensification des échanges et une très grande mobilité humaine et capitalistique.

Et pourtant, nous avons la mémoire courte. Avant la Première Guerre mondiale, la planète était dans une situation équivalente : entre 1870 et 1913, le commerce mondial avait progressé de 379 %, avec une moyenne de 6,8 % par an[2]. En 1910, Norman Angell, publiciste anglais connu pour son pacifisme, publiait un best-seller intitulé *La Grande Illusion* où il expliquait que le pouvoir militaire ne disait rien de la véritable puissance d'un pays : avec l'intégration économique croissante des pays industrialisés, la guerre devenait futile, inutile, contre-productive. Quatre années plus tard, alors que l'intégration commerciale était à son maximum, la guerre éclata : il fallut près de soixante ans pour que le commerce international revienne à son

---

2. *La Tribune*, « L'économie mondiale en 1914 : l'âge d'or de la mondialisation », 5 août 2014.

niveau de 1914[3]. En 2019, les tensions autour de la Corée du Nord ou de Taïwan, sur fond de rivalité entre la Chine et les États-Unis, la situation très tendue au Moyen-Orient et en Méditerranée, ou encore les menaces de Donald Trump sur le commerce international ne nous permettent pas raisonnablement de penser que l'irruption d'un conflit soit définitivement à écarter. Les déséquilibres économiques mondiaux sont sources d'affrontements.

La seconde erreur du « progressisme » est de croire dur comme fer au primat de la théorie économique néolibérale, qui schématise les rapports humains et sous-évalue tout ce qui n'est pas strictement du domaine du marché : *l'homo economicus* est un robot rationnel, pas *l'homo politicus*. Emmanuel Macron semble oublier que la démocratie, gage de la stabilité du système économique, reste nationale : lorsque le nombre de perdants de la mondialisation (emplois non protégés, victimes des délocalisations, emplois à faible-valeur ajoutée) dépasse numériquement le nombre de gagnants, alors le vote peut se retourner contre l'économie et ses tenants. L'Etat de droit, si cher au libéralisme politique, recule car le peuple se révolte dans les urnes, et favorise tous les extrémismes. La loi, émanation de la souveraineté nationale, perd sa dimension suprême, tordue par les normes qui lui sont supérieures et les lois d'airain de l'économie, et le citoyen

---

3. Trésor-Éco n° 93, « Quels enseignements tirer de la première mondialisation (1870-1914), octobre 2011. »

qui vote mais ne voit pas sa situation s'améliorer, finit par réclamer des solutions radicales. La revendication d'une démocratie participative ou directe est une des conséquences de cet affaiblissement de l'État-Nation. Si les États-Nations occidentaux s'écroulaient, on retrouverait la mondialisation parmi ses ruines.

Est-ce à dire que la Droite de demain doit se prétendre « antilibérale »? Certainement pas!

Elle doit cependant donner la priorité au libéralisme politique – la démocratie – sur le néo-libéralisme économique – au sens de l'alliance entre la libre-concurrence, l'ouverture commerciale et la financiarisation de l'économie – à partir du moment où celui-ci prend une forme incontrôlable.

Si on en croit François Lenglet[4], s'achève en 2019 un cycle libéral, débuté en 1969, avec pour pic 1989. La nouvelle génération des Trente Glorieuses aurait réagi à la société corsetée et illibérale née sur les décombres de 1929. La thèse de Lenglet, quoiqu'un peu « numérologique », est séduisante. Effectivement, 1969 marque la fin de l'emprise gaulliste sur la société, la Droite se convertissant aux idées libérales dans les années quatre-vingt. L'individu à partir du début des années soixante-dix est porteur d'une singularité irréductible qui ne saurait se perdre dans un collectif

---

4. François Lenglet, *Tout va basculer*, Albin Michel, 2019.

anonyme. L'individu est devenu un être de déliaison[5] alors qu'auparavant, l'individu se sentait appartenir à une société, avec surtout des devoirs, un être d'engagement et de responsabilité.

Lenglet pense que la montée des populismes et celle de la crise financière provoquera un basculement : fin du libéralisme et retour de l'autoritarisme, à l'instar de celui né des traités de 1919 jusqu'au pic de 1939. Pour la Droite, on pourrait donc passer d'un extrême à l'autre. Si la société-marché (le macronisme) détruit le lien, l'autoritarisme – c'est-à-dire le fait de forcer l'unité – n'est pas non plus une solution acceptable. On peut peut-être recréer le lien par l'homme et non pas le pouvoir ou le seul ordre. Voilà un défi à relever.

La dernière erreur d'Emmanuel Macron est de superposer le progrès avec la reconnaissance de droits toujours plus importants à l'individu, dans le champ sociétal. De ce point de vue-ci, il ne fait qu'accompagner le mouvement impulsé par les juges supranationaux qui font toujours passer au second plan l'intérêt général au profit des intérêts particuliers, notamment dans les affaires touchant à la famille. La lente érosion de la tradition juridique du monde latin, qui ne reconnaît à la jurisprudence qu'un rôle mineur, au profit de la tradition anglo-saxonne, qui lui reconnaît un rôle quasi-législatif, au sein de la mondialisation

---

5. Denis MAILLARD, *Une Colère française*, éditions de l'Observatoire, 2019

économique va de pair avec une reconnaissance juridique de l'émergence de l'individu tout-puissant.

En 2014, au nom du droit de l'enfant au respect de la vie privée, la CEDH a contraint la France à inscrire à son état-civil les enfants nés irrégulièrement de GPA réalisées à l'étranger, en violation de la loi française[6].

Au nom de la liberté individuelle, le comité des droits de l'Homme de l'ONU, qui n'est certes pas une juridiction, mais qui interprète les grands textes internationaux de protection des droits de l'Homme, a tancé la France pour avoir refusé à une employée de la crèche Baby Loup de porter le voile[7].

Au nom des mémoires communautaires, des identités de genre, ou au gré des combats sociétaux des uns et des autres, Macron mine dangereusement la République, en pavant la voie d'une dislocation identitaire. Au lieu de se saisir du droit pour rappeler que la norme fondamentale appartient

---

6. Pour condamner exclusivement l'interdiction d'établir la filiation paternelle, la Cour « estime, compte tenu des conséquences de cette grave restriction sur l'identité et le droit au respect de la vie privée (des enfants), qu'en faisant ainsi obstacle tant à la reconnaissance qu'à l'établissement en droit interne de leur lien de filiation à l'égard du père biologique, l'État défendeur est allé au-delà de ce que lui permettait sa marge d'appréciation » (Décisions Labassée c/ France, § 79 – Mennesson c/ France, § 100, 26 juin 2014).
7. Le Comité des droits de l'Homme indique ainsi : « L'État partie déclare en termes généraux que le traitement différencié se basait sur un critère objectif qui n'était ni arbitraire ni déraisonnable, sans expliquer suffisamment en quoi le port du foulard empêcherait l'auteure de mener à bien ses fonctions et sans examiner la proportionnalité de cette mesure. »

au peuple, Macron accélère la disparition de l'État-Nation et appelle de ses vœux cet individualisme forcené.

Face à ce danger, nous devons réaffirmer la supériorité du Parlement sur le juge, en laissant au peuple Français le soin d'édicter le droit qui le régit. Cela suppose de dénoncer la compétence de la Cour européenne des droits de l'Homme sur des sujets sensibles comme l'immigration ou le terrorisme. Cela implique aussi de mettre fin à la supériorité automatique des normes européennes dérivées (directives et règlements) par rapport à une loi adoptée ultérieurement, c'est à dire remettre en cause le fédéralisme juridique de l'Union Européenne. Cela oblige enfin à restaurer les éléments constitutifs de la Nation : notre langue, notre droit à la nationalité, notre citoyenneté, notre participation à la Défense nationale, notre système fiscal.

À nous de défendre « le triangle concret » Nation – État – République. La Nation nous donne une identité collective, une culture et des racines, qui prime sur toutes les autres identités alternatives car elle est consubstantielle d'une souveraineté, c'est-à-dire de la maîtrise collective de notre destin. Cette souveraineté permet de faire vivre la démocratie et la République, autour de principes qui permettent la solidarité entre citoyens, à travers notre territoire ; la laïcité ; la liberté. L'État est l'arbitre de ces solidarités, il doit veiller à notre liberté plutôt que de vouloir rééduquer le citoyen pour lui permettre de se responsabiliser face à une liste sans nom de risques mondiaux tous plus catastrophiques les uns que les autres. La République est ce qui nous transcende, au travers de l'intérêt général, ici la perpétuation d'une civilisation libérale et éclairée.

Je veux oser la France, car mon pays est malade et prisonnier de ces minorités agissantes qui prétendent gouverner par la norme sociale ou juridique sans passer par le vote : les islamo-gauchistes, les zadistes de l'écologie intégrale, les libertaires rêvant de déconstruire la famille. Nous devons triompher de ces forces anti-républicaines, qui sommeillent et prospèrent à l'ombre du progressisme bienveillant du président-prophète. Nous devons arrêter ceux qui veulent à tout prix métamorphoser ce pays en brûlant ce que des siècles de civilisation ont construit parce qu'ils détestent ce que la France est et a toujours été. Ces forces aboient et intimident ceux qui n'ont pas la vertu d'aller dans le sens de leur délire. Il faut les arrêter, juridiquement et politiquement, au nom de l'intérêt général.

Un chemin, la société du lien

Entre ceux qui rêvent d'une société de la singularité, faite de racialisation, de jargon intersectionnel et ceux qui ne pensent que par le marché, comme Macron, il y a une connexion, un point commun : à aucun moment ils ne pensent au collectif. Nous assistons un ensauvagement du monde, une atomisation individualiste de la société et un processus de narcissisation amplifié par les réseaux sociaux.

Un peuple, ce n'est pas ce qu'on appelle pudiquement la société civile, et encore moins le marché. L'individu-roi ne raisonne que par rapport à la maximisation de son désir (c'est-à-dire de son profit) et de ses capacités. Voilà pourquoi il « résonne » en 2017 à l'appel macronien du talent : des individus-miroirs de Macron ont répondu à l'appel, mais cela ne forme pas un collectif, juste une foule, une cohorte de marcheurs. Voilà pourquoi, en 2019, les deux anciens conseillers du Président, Ismaël Emelien et David Amiel, tentent de théoriser la doctrine du macronisme dans un opuscule qui se veut la continuité du livre de novembre 2016, en mettant en avant comme dynamique du progrès le fait de « maximiser les possibles » tout en mettant à l'honneur un « individu sans individualisme ». Bel oxymore. La promesse du macronisme, celle du talent, est contenue dans cette phrase tirée du livre : « La vie est pleine de potentialités qui ne deviennent jamais des possibles. Il n'y a rien d'injuste, si l'on ne passe jamais à l'acte, à ce que le rêve que l'on caresse… reste un rêve. » Depuis la crise des Gilets jaunes, cependant, les Français ont flairé l'arnaque à la fausse prophétie, et le « livre-événement » a fait un flop.

La réponse à la disparition du peuple et de la citoyenneté, c'est de bâtir une société du lien. Le lien est la réponse à la société liquide de Zygmunt Bauman. Le lien ne se crée pas en désignant un ennemi du corps social. Marine Le Pen a choisi l'islam. Emmanuel Macron a choisi Le Pen (en France) et Orban (en Europe). Le lien, en revanche, se fait en reconstituant les corps intermédiaires et en s'appuyant sur eux pour expliquer ce qui nous unit au-dessus de nos différences.

Cette troisième voie que je propose d'emprunter, entre celle des sicaires gauchisants de la décroissance et celle des thuriféraires du « Tout-monde », entre les individualistes libéraux-libertaires et les socialo-communistes défroqués, est la voie de la Nation et de la République, pour restaurer une société centrée sur le bien-être de l'Homme.

La véritable troisième voie en matière d'identité nationale ne consistera pas, Emmanuel Macron a raison sur ce point, à se replier sur la France comme si on pouvait bâtir une ligne Maginot capable d'arrêter Google et le terrorisme islamiste. Mais elle ne peut pas non plus présumer que notre seul avenir est la capitulation et l'effacement des frontières. Nous devons assumer que nous sommes un peuple ouvert sur le monde, parce que nous imposons la transmission de notre culture et de nos racines à ceux qui choisissent de devenir français. C'est l'appartenance à la Nation, et non pas à je ne sais quelle tribu communautaire, qui doit être reconnue comme primordiale. Cela suppose de rétablir l'unicité de la République, en faisant reculer les autonomistes de tout poil, les fanatiques religieux et tous ceux qui prônent la différenciation au nom de la « mémoire ».

L'inconvénient est que la prise de conscience de la société est altérée par le processus de désagrégation. Au fil des années, nous perdons le ressort collectif qui permet le sursaut.

Eclairante sur ce point est la question des prénoms. Lors d'un livret sur l'islam dont j'avais supervisé la rédaction[8], j'avais questionné la notion de culture d'origine et proposé qu'au moment où un étranger devienne Français, il manifeste sa volonté d'intégrer une nouvelle culture, en prenant un deuxième ou un troisième prénom tiré de la culture d'accueil. Il ne s'agissait pas d'aller aussi loin que ce qui existait avant 1993, et qu'Éric Zemmour avait remis dans le débat public, en imposant pour tous un premier prénom tiré du calendrier. Et pourtant, c'est ce que de nombreux médias ont rapporté, parce qu'à l'heure du *buzz*, plus personne ne prend le temps de lire ou de vérifier l'information, à part quelques journalistes consciencieux.

J'ai eu mon lot d'injures de la part de ceux, généralement nés avec un prénom étranger, qui y voyaient une forme de racisme, mais aussi d'incompréhension de la part de ceux qui ne voyaient pas l'intérêt de susciter un tel combat. Et pourtant, il est au cœur de la dynamique d'intégration républicaine et le fait que personne ne s'alarme que chaque individu veuille faire sécession du collectif me fait dire que la maladie est déjà bien avancée.

---

8. Cf. *www.oserlafrance.fr*, livret sur les islam(s).

Comme l'a montré ensuite Jérôme Fourquet[9], la Nation française perd tout sens collectif avec la dislocation de la matrice (religieuse et culturelle) catholique. Il remarque que notre relation au corps a changé (le développement de pratiques comme le tatouage et l'incinération en témoigne) ainsi que le rapport entre l'homme et l'animal (cf. le véganisme et les théories antispécistes). Il explique ensuite comment le glissement tectonique de la France d'autrefois sous la plaque de la France nouvelle a produit un effet d'« archipélisation » de la société : sécession des élites, autonomisation des catégories populaires, instauration d'une société multiculturelle de fait, dislocation des références culturelles communes... La proportion importante (plus de 20 %) de prénoms d'origine musulmane est selon lui un exemple saisissant de cette grande divergence. Ce n'est pas un fait religieux mais social : on préfère donner des prénoms étrangers qui vous distinguent de votre pays d'accueil. Créer du lien consiste à faire en sorte que, malgré les différences, mon voisin partage un socle culturel en commun. Au lieu de parler d'archipélisation, terme doux, car il suppose que chaque île vit séparée du voisin, Fourquet aurait pu parler de balkanisation ou de libanisation.

La Nation, c'est vouloir un avenir en commun. Cela ne peut pas s'effectuer séparément.

---

[9]. *L'Archipel Français*, le Seuil, 2019.

Pour des raisons similaires, je me bats pour que la langue française ne devienne pas l'otage des élucubrations des néo-féministes (écriture inclusive) ou qu'on la protège du sabir anglo-saxon. Notre belle langue est facteur d'unité : que nous restera-t-il demain si nous n'avons plus rien en commun, d'une rue à l'autre, d'un quartier à l'autre. Chacun insiste sur sa singularité, mais qui réfléchit à ce qui demain le protègera d'un voisin qui n'aura même plus en commun la valeur de tolérance d'une société organisée ?

La véritable troisième voie ne se limite pas non plus à la seule culture ou identité. Elle suppose de questionner le néo-libéralisme. Elle ne consiste pas, en matière économique, à tout privatiser et tout mettre en concurrence au motif que le marché gère mieux. Il suffit de voir comment Air France a évolué en parallèle de la SNCF, ou encore d'analyser le sous-investissement dans les infrastructures italiennes par les concessionnaires d'autoroute, qui a abouti au drame de l'effondrement du pont de Gênes, pour s'en assurer. Elle ne consiste pas non plus à nationaliser et à penser que le secteur public est une vache sacrée qui ne peut qu'engraisser, et jamais maigrir. Entre ces deux extrêmes, il y a la place pour une vision de ce que doit être un État, en montrant aux fonctionnaires qu'ils sont indispensables au bon fonctionnement de la République, que leur rôle est noble mais qu'ils ne doivent jamais oublier qu'ils sont au service de l'intérêt général.

Sur ce point, je suis fermement opposé à la fameuse « ouverture à la concurrence » des postes de la haute-fonction publique en recrutant dans le privé, ce qui passe par la suppression du monopole de l'ÉNA. Lorsqu'on voit dans l'affaire Alstom qu'Emmanuel Macron a négocié la vente aux Américains de ce fleuron stratégique en tant que secrétaire adjoint de l'Elysée, dans le dos du ministre de l'Économie, ce qui a permis à la banque Rothschild de percevoir de confortables émoluments comme intermédiaire[10], alors qu'il était lui-même ancien associé, on se dit que les échanges de « bons procédés » se multiplieront si on ouvre l'Etat au privé. Ce qu'il faut combattre, c'est le pantouflage. Rappelons qu'Emmanuel Macron, lorsqu'il était aux manettes sous François Hollande, a été responsable de la fusion de Technip – une pépite française avec soixante ans de technologie – avec l'américain FMC Technologies pour créer « un Airbus du parapétrolier » qui s'est terminée par l'absorption pure et simple du Français ; de la vente d'Alcatel-Lucent au géant Nokia pour fabriquer un « Airbus des télécoms », qui s'est terminée par la découpe du Français, notamment sur les activités stratégiques de câblage sous-marin ; de la « fusion entre égaux » de Lafarge, n° 1 mondial du secteur, avec l'helvète Holcim, qui s'est conclue avec le transfert du siège en Suisse... On pourrait citer encore STX ou la filière transport d'Alstom, sacrifiés sur l'autel de la mondialisation pour créer des « Airbus » ou des géants... non-tricolores.

---

10. Rapport de la commission d'enquête présidé par Olivier Marleix.

La véritable troisième voie ne consiste pas, lorsqu'on en arrive à la place de l'Homme, à esquisser soit un destin solitaire pour chacun, soit l'uniformité collective pour tous, mais bel et bien un plancher de solidarité et la possibilité, par le travail, de gravir les échelons de la société. Il ne peut s'agir uniquement de réussite économique : on peut récompenser aussi le travail en valorisant socialement quelqu'un, en l'honorant, en le mettant en avant. Combien de médecins ou de professeurs se sentent régulièrement attaqués ? La société française a besoin de liberté, mais elle a surtout besoin du respect, qui passe par un ordre collectif imposé.

Ceux qui croient en la primauté des idées – à une spiritualité citoyenne, mais pas à un obscur mysticisme – sur l'intérêt marchand, ceux-là qui aspirent à faire triompher nos grands principes civilisationnels, doivent exactement aller à l'inverse de la direction qu'indiquent simultanément le mondialisme progressiste de Macron et le nationalisme étroit de Le Pen. Être transgressif en voulant faire imploser les États, les Nations, les règles sociales qui ont fondé la civilisation européenne, est tout sauf courageux : aller dans le sens du vent est un destin de feuilles mortes.

Au contraire, il faut oser la France. La vraie transgression, en 2019, est d'affirmer que la France a un avenir. Que l'État a encore un rôle à jouer. Que le peuple français a encore un destin. Au milieu des pleureuses pressées de passer l'État-Nation par pertes et profits pour réaliser le grand œuvre d'un grand ensemble transnational, il faut opposer les réalités, les peuples, et leur histoire.

Ce combat ne date pas d'hier. Déjà, en 1906, alors que les élites parlaient d'un siècle de paix perpétuelle basée sur les échanges, Paul Doumer, député de Gauche et futur Président la République française, dans son *Livre de mes fils*, ouvrage de morale pour la jeunesse, entendait élever les cœurs et les âmes des enfants de la République :

> Les peuples modernes, la France surtout, hélas! ont aujourd'hui leurs sophistes. Ils prêchent un cosmopolitisme dissolvant qui détruirait, si l'on n'y prenait garde, et le patriotisme et la Patrie elle-même. Qu'on les écoute, et c'en est fait de nous. La décomposition intérieure ou l'invasion étrangère, l'une et l'autre peut-être, mettraient fin à notre existence nationale. La race glorieuse, dont nous serions les fils indignes, finirait dans le déshonneur. Non, non! cela ne peut pas être; cela ne sera pas.

Huit ans plus tard, le siècle de paix s'écroulait avec la Grande Guerre. Depuis, la Gauche a trahi la Nation, ne parlant plus au peuple mais aux minorités, victimes de l'Histoire. Quant à la Droite, une partie d'entre elle renoue avec la tentation de préférer la prospérité économique au développement de l'Homme.

Tout cela suppose d'oser un patriotisme ancré, ouvrir non pas les portes du matérialisme individualiste, qui avec le gauchisme sociétal est l'autre fléau moderne, mais au contraire pousser la porte de l'esprit. La seule manière de bâtir une planète meilleure est d'avoir les deux pieds ancrés dans l'amour de son pays, car pour aimer les autres, il faut d'abord s'aimer soi-même, son histoire et sa civilisation.

Ne cherchons pas, à la suite des faux-prophètes, une autre « terre promise » imaginaire alors que nous sommes la France, un pays de cocagne. La France est une terre de culture et de civilisation qui nous a été léguée par nos parents, et que nous nous transmettrons un jour à nos enfants. C'est ici qu'a été allumé le flambeau des droits de l'Homme, du réveil de la conscience humaine face à l'obscurantisme. À nous de voir si ce flambeau, nous voulons l'éteindre ou le porter fièrement et éclairer le monde sur ce siècle qui vient.

Postface :

la relève adroite

En politique, la critique est facile, l'art est difficile. L'une des très mauvaises habitudes de l'opposition est de passer la plupart de son temps à tenter de déloger le pouvoir sans réfléchir véritablement à la manière dont on règlerait les solutions une fois en responsabilité. La conséquence directe est qu'à l'approche des échéances électorales, on bâtit des programmes ambitieux qui souvent ne prennent pas en compte les contraintes budgétaires, politiques, juridiques ou administratives qui peuvent peser sur les choix. Une fois en place, le retour à la réalité est inconfortable et le choc avec la haute-administration chargée d'appliquer les idées généreuses, mortel pour les illusions.

Cette fois-ci pourtant, notre responsabilité est immense et la paresse intellectuelle n'est pas une option. Si le peuple français devait choisir à nouveau d'élire un Président issu de ma formation politique en 2022, ce serait sans doute l'élection de la dernière chance. En cas d'échec, après tant de déceptions et de désillusions, la France n'hésiterait plus à faire le grand saut dans le vide, en votant pour les extrêmes.

Voilà pourquoi ces années d'opposition forcée doivent être utilisées pour changer la Droite. Ma conviction est que même sans aller jusqu'à descendre au niveau du programme, nous devons tuer certaines idées vénéneuses qui encombrent le débat politique. Trois ruptures sont nécessaires.

« Animer le golem »

La première idée vénéneuse qui empoisonne la Droite est la croyance primordiale que l'important est de gagner les élections (et non de savoir ce que l'on fera après) et que pour cela, l'alliance la plus large des partis est nécessaire. L'UMP, union de la Droite et du Centre, est née de cette croyance. De trois familles, on a fait une machine de guerre électorale, pour ne pas dire un canard sans tête.

Les idéologies se sont vengées : l'UMP a tenu véritablement cinq ans, permettant la victoire de Nicolas Sarkozy, qui en homme politique habile avait su synthétiser les contradictions des Droites françaises pour les rendre compatibles. Les gaullistes plébiscitaient son volontarisme politique, les libéraux sa vision économique et les centristes ses idées empruntées à la Gauche en matière de politique judiciaire. Une fois au pouvoir, les gaullistes regrettèrent sa politique européenne et atlantiste, les libéraux son interventionnisme, les centristes son débat sur l'identité nationale.

Après la défaite de Nicolas Sarkozy, l'UMP, entrée dans l'opposition, n'est jamais parvenue véritablement à trouver son point d'équilibre, et a fini par perdre sur tous les tableaux. Faute de vouloir ouvrir le douloureux chapitre de nos différends idéologiques, nous avons sombré dans des querelles de personnes, voire des combats d'écuries, tout en cherchant un *modus vivendi* capable de garder tout le monde à la table. Pendant que nous nous ingénions à produire de l'eau tiède, une partie de la Droite a accepté les règles d'airain de la mondialisation et a rejoint, clairement ou tacitement, le pôle d'Emmanuel Macron, tandis qu'une autre a préféré rallier le Rassemblement national.

Voilà pourquoi je suis persuadé qu'il ne suffit pas d'une machine pour gagner, mais d'une âme. Le « golem » de la Droite, ce grand corps inanimé qu'est notre appareil politique, ne s'éveillera pas sans la flamme des idées.

Aujourd'hui, une partie de nos électeurs refusent de retourner voter pour Les Républicains car ils reprochent les errements de Chirac, le kärcher cassé de Nicolas Sarkozy, les affaires ou les disputes de tel ou tel. L'étiquette prime sur le fond. Il faut que la machine s'anime et montre qu'une nouvelle génération est aux manettes, une génération qui pense différemment. Comme Bruno Retailleau ou Guillaume Larrivé, je pense qu'il faut donc faire renaître la Droite par les idées, et non seulement par un simple ripolinage.

Révolutionner nos approches amènera mécaniquement à nous ouvrir sociologiquement. Il y a 20 % de Français, les plus âgés pour la plupart, qui se retrouvent dans le discours classique qui est le nôtre. Pour parler au peuple de demain, et sortir de notre zone de confort, il nous faut prendre le risque de changer de discours, de ne pas être seulement le parti du moins d'impôts, plus de flics.

Ainsi, puisque le pouvoir d'achat est la préoccupation numéro un de nos concitoyens, si nous voulons dépasser l'opposition stérile qui existe actuellement entre ceux qui prônent la modération salariale au nom de la compétitivité et ceux qui fantasment une chasse aux riches pour financer des salaires non-compétitifs, il faut renverser la table et revenir à un meilleur partage entre la rémunération du capital et du travail. Puisque « le travail ne paie plus », alors imaginons une sur-rémunération liée au capital : faisons des salariés des actionnaires, non pas avec une petite ligne d'intéressement, mais bien en leur donnant une représentation égalitaire avec les détenteurs du capital. Ce chantier qu'on appelait dans les années soixante la participation revient à combattre des milieux financiers traditionnellement acquis à la Droite. Il va falloir choisir.

De la même manière, tout notre système d'aide est basé sur des compléments de revenus par rapport à des revenus nominaux. Or, c'est bien, le reste à vivre, après dépenses obligatoire (énergie, transport,...) qui pose une certaine difficulté. Ayons le courage de revoir tout notre système en garantissant un reste à vivre après charges incontournables pour un ménage supérieur au seuil de pauvreté. Voilà qui remettra de la justice sociale.

Nous devons enfin parler à nos fonctionnaires en établissant un nouveau contrat politique avec eux : arrêtons de les stigmatiser, de les considérer comme une simple charge financière, et exigeons en échange d'eux qu'ils soutiennent une application stricte du statut de la fonction publique, pour mettre fin aux abus existants, et restaurer le bon fonctionnement de l'État. Il faut notamment nous attaquer à la « gréviculture » et à l'absentéisme en punissant les fautifs, pas en supprimant les statuts pour tout le monde.

L'union des Droites n'est pas l'Arche de l'Alliance

Dans la droite ligne de la première idée vénéneuse consistant à paresseusement attendre 2022 pour récolter les fruits de l'échec de Macron, existe une seconde marotte qui travaille actuellement notre électorat traditionnel. Certains à Droite s'accrochent aujourd'hui à la bouée de « l'union des Droites », bel euphémisme pour désigner l'alliance d'une partie de la Droite avec l'Extrême-Droite.

Pourquoi cette alliance est-elle une impasse ? D'abord, parce que ce type de raisonnement est biaisé : il relègue au second plan les hommes et les divergences idéologiques au profit d'une réflexion de blocs partisans, dans un objectif essentiellement « court-termiste ». En réalité, les partis sont peu de choses : seuls comptent les hommes et les femmes qui demain gouverneront, leur éthique, la capacité qu'ils auront à produire un bien rare – de la confiance. Penser que, parce qu'on va mélanger les adversaires d'hier, qui étaient parfois les amis de l'avant-veille passés armes et bagages chez Le Pen pour faire carrière, et que cela nous rendra meilleurs, est une faute contre l'esprit. Emmanuel Macron n'a pas gagné en faisant du mitterrandisme en en forgeant l'alliance de partis, mais en créant un courant d'espoir.

Ceux qui prônent l'union des Droites croient au retour de Marion Le Pen, et seraient prêts à commettre exactement la même erreur que les marcheurs de 2017 : mettre Jeanne d'Arc à l'Elysée, sans vérifier d'abord son programme exact et sa capacité à le mettre en œuvre.

Reste que la Droite doit redevenir elle-même et ne plus abandonner certains sujets au RN. Les adversaires du Front national, devenu Rassemblement national, sont parvenus à diaboliser toute idée défendant le concept de Nation : la frontière, la nationalité, la différenciation entre l'extérieur et l'intérieur. Trente années de propagande sur le fascisme ont intoxiqué une partie de l'électorat qui en vient quasiment à craindre quelqu'un qui parle de son drapeau ou de sa langue. Les qualificatifs affluent – nauséabond, rance, étroit...

Il est urgent que nous expliquions de manière très claire ce que nous sommes et nous ne sommes pas. La ligne de partage avec l'extrême droite, sans d'ailleurs qu'elle épouse parfaitement la frontière avec le RN, est la suivante : nous combattons une République multi-culturelle, pas une République multi-ethnique. Celui qui vient de l'autre bout du monde a le droit de nous rejoindre, à condition qu'il s'intègre culturellement.

Faut-il toujours défendre le citoyen national face à l'étranger ? C'est le message traditionnel du Rassemblement national qui a popularisé le concept de « préférence nationale ». Je préfère pour ma part le concept de « priorité au travailleur » : je connais des citoyens Français depuis plusieurs générations qui profitent d'un système d'allocations laxiste. *A contrario*, je connais des étrangers présents sur le territoire qui ont bâti de leurs mains une situation familiale et patrimoniale et font tous leurs efforts pour s'intégrer. Entre les deux, et sans caricaturer, car tous les exemples existent dans la Nature, j'ai plus de respect pour le second que le premier.

Une République ouverte ne peut fonctionner et assimiler que si ses citoyens défendent sa spécificité et croient en sa mystique. Il ne faut pas exclure pour des raisons subjectives – parce que l'autre serait étranger, notamment – mais objectives – parce que l'autre vient se retrancher de la Nation, et non s'y additionner.

Voilà pourquoi la conclusion logique n'est pas de reproduire une UMP de Droite et d'Extrême-Droite : elle décevrait dans les mêmes conditions que l'UMP du Centre et de la Droite. C'est un leurre : seul un chef peut tenir, non pas des partis, mais des soutiens et garantir l'intelligence du collectif.

Il nous faut donc dépasser le clivage Droite-Gauche, mais à la manière du Général de Gaulle en 1945 et en 1958, c'est à dire en unissant tous ceux qui croient à la Nation et au politique, en pôle inverse du dépassement Macronien qui a attiré à lui tous ceux prêts à accepter la loi de l'économie mondialisée comme finalité du développement humain. Disons-le clairement : j'ai plus d'admiration pour Jean-Pierre Chevènement que Marine Le Pen.

En d'autres termes, plutôt que de prôner l'union des Droites, je milite pour que se forme enfin un bloc républicain, social et patriote. Il ne s'agit pas d'être « ni droite ni gauche », mais de s'unir autour de valeurs essentielles, la défense de la Nation et de la République. Il faut enfin arrêter de déconsidérer tous les Français écœurés par les manœuvres et les abandons et qui ont trouvé dans le FN une solution en les traitent de fascistes ou de fous. Ils ont vocation à nous rejoindre, la seule condition étant de le faire par amour de la France et de la République, et non par peur, rejet ou calcul électoral.

Il est temps de rassembler le peuple Français.

Réhabiliter une certaine idée de la politique

Nous devons rétablir la confiance et ça n'est pas facile, depuis un statut d'opposant.

Cela pose deux sujets, notamment dans la famille politique qui est la mienne. *Primo* : l'affaiblissement de l'intérêt général au sein du mouvement au profit des trajectoires individuelles et la contestation perpétuelle du chef. *Secundo* : l'atomisation du parti. Or, comme le dit Alain-Gérard Slama, la Droite est une aspiration à l'unité, la phobie aussi de ce qui nuit à l'ensemble.

Convaincre la France que nous avons changé nous oblige à deux prises de responsabilité : la première est de réussir au sein de notre mouvement politique ce que nous voulons pour la France. Si ce qui manque à ce pays, c'est du lien et du liant, alors, par son organisation même le parti Les Républicains doit être capable de récréer la convivialité et l'entraide qui étaient la marque des partis gaullistes. Pour que les Républicains redeviennent une véritable société et un vrai parti de Droite, il faut donc du lien. La volonté d'être ensemble, une bienveillance pour l'autre par rapport à ses différences, une ouverture au collectif alors que la politique moderne apprend à exister pour soi-même, tel est le défi. Dans une société qui pousse à valoriser la singularité de chacun, le vrai défi est d'établir un sens collectif. Tel est le fil d'Ariane qui empêche, pour un homme politique, de se perdre éthiquement, un lien avec l'universel et le collectif en comprenant que l'histoire que l'on écrit n'est pas uniquement la sienne mais plutôt celle de ses idées. Voilà pourquoi je me suis engagé, à la demande de Laurent Wauquiez, à recréer une « école des cadres » au sein de mon parti, en que secrétaire général adjoint des Républicains.

La seconde prise de responsabilité est donc éthique. Elle est indissociable de la sincérité car tout mensonge, démasqué, pèsera plus lourdement que des centaines de vérités assénées. Philippe Séguin, en 1998, parlait des petites soupes dans leur petit coin. Prenons exemple sur lui : un travailleur, un insurgé. Un homme resté fidèle à ses idées. Une carrière politique inachevée, certes, mais il a gagné ce que d'autres n'ont jamais eu : le respect. Pourquoi ? Parce que confronté à des dilemmes moraux et politiques, Séguin a su tirer sur le lien avec courage et c'est le sentiment d'œuvrer pour le collectif – ici le peuple, les classes populaires qu'il ne voulait pas trahir – qui lui a fait faire les bons choix. L'éthique consiste donc à dire ce qui est bon pour le peuple Français, même lorsque cela ne sert pas nos intérêts d'opposants. Cela implique de résister au coup de com'permanent, à se détacher des sondages qui découpent arithmétiquement le peuple en cases, à ne pas céder à la facilité sur les réseaux sociaux.

Le talent ne suffit pas pour faire un homme d'État, ce qu'il faut c'est le courage d'aller à rebours de ses propres intérêts, ce qu'Emmanuel Macron n'est pas parvenu à faire. Bref, comme disait le gaulliste Philippe Séguin : « Il ne suffit pas d'avoir de l'appétit, il faut aussi avoir de l'estomac. »

Table

Préambule 11
Introduction : Initiales E.M. 17
Docteur Macron & Mr. Manu 17
Le quiproquo 34
Le grain de l'ivraie 36

Chapitre I
Sans idéologie, discours, ou baratin ?..................... 45
    Pragmatisme, opportunisme ou utilitarisme ? 45
    De la dépolitisation des enjeux au jupitérisme 50
    De Jupiter à Janus, magie du Verbe
    et dureté du réel 60

Chapitre II
Hémisphère droit : l'Économicisme 67
    L'émancipation individuelle 67
    Un libéralisme « de Gauche » ? 80
    Une politique d'adaptation à la mondialisation 90

Chapitre III
Hémisphère gauche : le Progressisme 99
    Le multiculturalisme 99
    Le progressisme « sociétal » 105
    L'écologisme 121

Chapitre IV
Non, le macronisme n'est pas un gaullisme 135
   La relation de l'Homme au monde 137
   La France et l'Europe 142
   Quo vadis Domine ? Où va la « troisième
   voie » d'Emmanuel Macron ? 148

Chapitre V
Macron, le faux prophète 159
   Et son nom sera Emmanuel 159
   Est-il venu prêcher pour tout le peuple ? 170
   Le faux prophète : le réel, le temps et la terre 175

Chapitre VI
Oser la France 183
   Les signes du ciel 183
   La fin du progressisme et le retour
   de la Nation et du politique 188
   Un chemin, la société du lien 195

Postface : la relève adroite 205
   « Animer le golem » 206
   L'union des Droites n'est pas l'Arche
   de l'Alliance 209
   Réhabiliter une certaine idée de la politique 213

Achevé d'imprimer par
Nouvelle Imprimerie Laballery,
Allée Louis Blériot, 58500 Clamecy
en août 2019
N° d'imprimeur : 907615

Dépôt légal : septembre 2019

Imprimé en France